GESTION ET MAXIMISATION DES PROCÉDURES DES MARCHÉS PUBLICS

Tome 4

Exécution technique des marchés publics

Malick Guibril NDIAYE

GESTION ET MAXIMISATION DES PROCÉDURES DES MARCHÉS PUBLICS

Tome 4

Exécution technique des marchés publics

L'Harmattan
Sénégal

10 VDN, Sicap Amitié 3, Lotissement Cité Police, DAKAR

senharmattan@gmail.com
senlibrairie@gmail.com

ISBN : 978-2-343-22672-9
EAN : 9782343226729

PREFACE

Écrire une préface n'a jamais été une chose aisée. Selon son étymologie latine, préface, signifie, « dire d'avance ». Suivant la perception contemporaine, il s'agit de faire ressortir l'intérêt que l'on a pour l'auteur et le texte qu'il présente et y introduire le lecteur. C'est une manière pour celui qui écrit la préface de préciser comment il a lu le texte, et ce qui a attiré son attention. Elle constitue le moment d'exposer, sans complaisance, l'originalité et la précision du travail présenté, ce qu'il a compris et comment, il l'a compris.

Que peut-il se passer, quand on est en présence d'une pratique professionnelle de plus de trente ans (celle d'un spécialiste en marchés publics, de surcroît chargé de formation, depuis plus d'une décennie, en master II- marchés publics) ?

Il en découle immanquablement un exposé pointu sur les objectifs et l'explication des différents outils à disposition pour passer et gérer lesdits marchés. En découle aussi l'exploration de pistes nouvelles nées « du vécu » de l'Auteur, pour analyser comment les choses se passent, et valoriser les bonnes pratiques professionnelles. C'est dans ce contexte que cet ouvrage trouve sa source.

Le titre de cet ouvrage souligne une ambition : contribuer à une meilleure pratique de la passation et du suivi de l'exécution des marchés. L'enjeu est important, puisqu'il s'agit de donner davantage de sens aux investissements étatiques, en s'appuyant sur la connaissance, pour que le choix des prestations ne porte que, sur celles qui répondent, au mieux, aux besoins définis par une Autorité contractante.

Cet ouvrage est donc un recueil des bonnes pratiques en passation, exécution, contrôle et archivage des marchés. Il y est décrit tous les processus de passation et d'exécution des marchés et, chaque fois que cela s'avère nécessaire, des annotations, destinées à préciser le sens et la portée exacts des procédures prévues dans la plupart des Codes ou autres réglementations sur les marchés publics, sont proposées. Il peut s'agir en particulier :

- de commentaires pour expliquer certaines dispositions du Code des marchés publics, de ces textes d'application ;
- de commentaires sur les bonnes pratiques ou de notes relatives à des cas puisés dans le vécu de l'Auteur.

Le lecteur y trouvera des points de cours pour des soucis de précisions, mais aussi des cas pratiques. Cet ouvrage s'inspire des clauses des Dossiers types pour analyser chacune des Procédures prévues dans différents Codes des marchés publics (PPCM) et en présenter les avantages et inconvénients.

Pour tenir compte de la particularité de la matière, l'auteur invite les personnes intervenant dans les marchés publics à avoir, un regard multi référencé sur la détermination des critères de sélection, permettant de mieux apprécier la capacité des Candidats, à mener les marchés à terme. Il établit, à cet effet, une parfaite symbiose entre la réussite de la passation de marchés et l'analyse des éléments financiers ou de comptabilité devant conduire à la pré-qualification ou à la post-qualification de Candidats.

Abordant avec pertinence la démarche en coût global pour acquérir des biens, travaux ou services, l'auteur a démontré l'intérêt à prendre en compte, pour le choix de l'attributaire, les charges de fonctionnement ou d'entretien, pendant la durée de vie utile de toute acquisition ainsi que son impact sur l'environnement.

Avec une approche originale, il s'est intéressé à la consommation de carburant, pendant la durée de vie utile d'un véhicule, pour qu'elle puisse être prise en considération lors de la comparaison des offres. Ensuite, il a fait le parallèle entre la consommation carburant et la quantité dégagée en gaz carboniques, pour faire appliquer une « taxe » pour la protection de la couche d'ozone.

Sans vouloir dévoiler le contenu du livre dans cette préface, il faut souligner que l'auteur aborde, sans faux- semblants, l'activité de passation des marchés, en soulignant les erreurs qui peuvent survenir, tout en faisant ressortir qu'elles ont des origines parfois systémiques et parfois humaines. En effet, des interprétations sont souvent source d'erreurs, qui parfois sont lourdes de conséquences.

Les praticiens des marchés qu'ils soient juristes ou non, techniciens, Maîtres d'ouvrages, Maîtres d'œuvre, ou Entrepreneurs, peuvent y trouver une réponse à plusieurs questionnements.

Le style de l'écrit clair et convivial est de nature à apporter, beaucoup, à tout praticien intervenant dans les marchés publics (débutant ou plus chevronné) qui chercherait à perfectionner sa propre pratique, pour atteindre plus aisément les objectifs nouveaux fixés par le Système de passation des marchés publics. Il me semble être aussi, un précieux instrument pour tout auditeur en marchés publics.

MGN

**** ***

PRÉSENTATION DE L'AUTEUR

M. Malick Guibril NDIAYE est un économiste planificateur diplômé de l'Université Cheikh Anta Diop de Dakar (UCAD). Il a commencé sa carrière administrative en 1980 à la Division de la Planification générale de la Direction de la Planification, au Ministère du Plan et de la Coopération.

Désigné représentant dudit Ministère à la Commission nationale des Contrats de l'Administration rattachée au Secrétariat général de la Présidence de la République, il s'est familiarisé aux procédures de la commande publique sur la période 1982-88 en qualité de vérificateur des procédures de passation des marchés.

M. NDIAYE c'est par la suite spécialisé en obtenant le certificat de l'Institut international du Droit du Développement devenu Organisation internationale du Droit du Développement (IDLO) à Rome, en Italie), sur les procédures des bailleurs et la passation des marchés et la conclusion des contrats internationaux de construction avec application des règles de la Fédération internationale des Ingénieurs-Conseils (FIDIC).

A partir de 1993, M. NDIAYE en qualité de spécialiste en passation des marchés, participé à la mise en œuvre de plusieurs projets de développement à savoir :

- le Projet d'Appui aux Groupements féminins, sur la période 1993 à 1999 sur financement de la Banque africaine de Développement (BAD) ; cumulativement à ses responsabilités d'expert en conception et évaluation de projets, il a déroulé toute la passation de marchés des composantes du projet ;
- le Programme national d'Infrastructures rurales (PNIR) intéressant 100 collectivités locales du Sénégal sur la période (2000- 2005) financé par l'Association internationale pour le Développement du Groupe de la Banque mondiale ;
- le projet « Gestion intégrée des Ressources marines et côtières (GIRMaC) » (2005-2006) financé par l'Association internationale pour le Développement du Groupe de la Banque mondiale ;
- le Programme national de Développement local (PNDL) (2006-2007.
- le Programme de Coopération Luxembourg-Sénégal, PIC 2 périodes (2007-2010).

- le Projet régional des Pêches en Afrique de l'Ouest (PRAO-Sénégal) financé par l'Association internationale pour le Développement du Groupe de la Banque mondiale (2010 2017).

M. Ndiaye est certifié spécialiste en passation de marchés par le Centre africain d'Études supérieures en Gestion (CESAG) en 2000, par l'Institut Supérieur africain pour le Développement de l'Entreprise (ISADE) en 2001, par la Banque mondiale 2006, et par « Espace Scientifique et technique (EST) » Tunisie en 2013. Il est accrédité Manager spécialiste en marchés publics par SETYM International en relation avec l'Université du Québec à Montréal sur la période septembre 2016 septembre 2021

M. NDIAYE fait partie du groupe d'experts choisis par l'Autorité de régulation des marchés (ARMP) Sénégal pour assurer la formation des agents des autorités contractantes sur les procédures de marchés publics.

Il a pris part à la formation des cohortes d'assistants en marchés publics organisée par l'Office national de Formation professionnelle (ONFP) Sénégal.

Depuis l'année académique de 2003-2004 à nos jours M Malick Guibril NDIAYE est vacataire formateur en marchés publics à l'Institut Supérieur de Management (ISM). Il a en charge de dérouler le contenu de modules relatifs à la passation des marchés, aux procédures des bailleurs, à l'exécution technique et financière des marchés publics, au contrôle et à l'audit des marchés et enfin au " Partenariat public privé".

Plus d'une centaine de spécialistes en passation de marchés confirmés, pour lesquels il a participé à leur formation, sont en service dans au niveau de projets et programmes de l'Administration sénégalaise et dans les pays de la sous-région, ainsi qu'au niveau des institutions sous régionales (BCEAO, BAD et CEDEAO).

**** ***

PRESENTATION DE L'OUVRAGE

A QUI EST-IL DESTINE ?

Cet ouvrage est destiné aux intervenants dans les marchés publics qui ne disposent donc pas des compétences administratives et techniques ni de l'expérience nécessaires à son bon déroulement. Il s'adresse dans une moindre mesure aux spécialistes de la passation des marchés, qui n'y trouveront pas les réponses aux questions très précises qu'ils peuvent se poser. Il ne concerne pas l'exécution de marchés complexes, il s'intéresse aux marchés courants passés par la majorité des Autorités contractantes.

COMMENT EST-IL ORGANISÉ ?

L'exécution des marchés constitue la phase critique de mise en œuvre de tous les éléments préparés lors de la passation du marché ; c'est aussi la période de gestion administrative, financière et technique des événements prévus ou non sur un chantier.

Le suivi de l'exécution des marchés revêt une grande importance puisqu'en dépend la parfaite réalisation du marché, c'est-à-dire l'adéquation entre les besoins exprimés et la réussite de l'acte d'acquisition. Le suivi rigoureux, au plan administratif, technique et financier de l'exécution des marchés est le gage d'une mise en œuvre d'une politique d'achat efficace et efficiente.

Pour ce faire, il faut disposer d'une vue d'ensemble du cadre juridique des marchés publics, mais aussi des dispositions générales contenues dans divers autres documents définissant les obligations du marché telles qu'elles résultent des pièces contractuelles.

Au niveau de l'exécution technique des marchés de savoir :

- caractériser un marché selon son objet, son prix et sa durée ;
- maîtriser le type de marché réalisé et ses particularités : marché à lots, marché à commande ;
- identifier les parties en présence : Cotraitance, sous-traitance, maîtrise d'œuvre ou maîtrise d'ouvrage;
- gérer les modifications du contrat ;
- régler les questions de nantissement ;
- identifier les conditions de réception ;
- gérer la fin anticipée, les litiges, la défaillance de l'un des cocontractants ;
- gérer les recours à l'amiable et les contentieux.

Au niveau de l'exécution financière, cela revient à gérer :

- les garanties pour l'exécution des marchés ;
- le financement, les avances ;
- les retenues de garantie et équivalents ;
- les ordres de service, les attachements, etc. ;
- savoir gérer les prix des marchés et les clauses associées ;
- la révision des prix ;
- le règlement des prestations, les acomptes et décompte ;
- les contrôles avant paiement et le délai global de paiement ;
- le respect des délais de paiement, les intérêts moratoires ;
- le décompte général et définitif des marchés de travaux et l'équivalent pour les autres marchés ;

Le présent ouvrage a pour objet d'aider à la maîtrise de chacune des étapes de la procédure d'exécution des marchés. Il importe donc de disposer d'une vue d'ensemble, mais aussi de repérer la manière dont les différentes phases de l'exécution s'articulent entre elles.

COMMENT PEUT-ON L'UTILISER ?

On peut l'utiliser de plusieurs façons :

1. en faire une lecture exhaustive du début à la fin, méthode la plus fastidieuse ; celle-ci ne présente que peu d'intérêt, mais permet d'avoir une vue d'ensemble sur l'exécution des marchés.
2. rechercher dans le sommaire les pages en rapport avec une question que l'on se pose ;
3. rechercher dans la liste des approches proposées la ou les page(s) apportant la réponse ;
4. utiliser l'index, qui indique par rapport à des mots-clefs les pages à consulter.

QUELLE EST SON AMBITION ?

Cet ouvrage n'est pas une œuvre littéraire, c'est un ouvrage technique dont l'ambition s'arrête à mettre à la disposition des intervenants dans les marchés un document de référence, d'accès aisé, leur permettant :

1. d'organiser au mieux l'exécution de leur marché ;
2. de respecter la réglementation ;
3. d'assurer la réussite de l'acquisition.

**** ***

TABLE DES MATIERES

**** ***

CHAPITRE 0

DÉFINITION DE MOTS UTILISÉS DANS L'EXÉCUTION DES MARCHÉS

1. Acte d'engagement

Le terme, « Acte d'engagement » désigne la pièce fondamentale dans la formation d'un marché, il consacre l'échange de consentements des parties et la démonstration de leur accord sur l'objet, le contenu et le prix de la prestation.

2. Acte spécial de sous-traitance

Le terme, « Acte spécial de sous-traitance » est l'acte signé par le titulaire du marché et l'Autorité contractante, si le sous-traitant est accepté et ses conditions de paiement agréées.

3. Ajournement

Le terme, « Ajournement » signifie la décision prise par une Autorité contractante de différer le début des travaux ou d'en suspendre l'exécution.

4. Annonce de l'intention de démarrer les travaux

Le terme, « Annonce de l'intention de démarrer les travaux (AIDE-Tr) », désigne la publicité ou la saisine des exploitants de réseaux en leur indiquant le lieu précis des travaux projetés et, les techniques de travail qui seront employées pour obtenir les informations sur la localisation des réseaux et les recommandations visant à prévenir leur endommagement.

5. Approbation

Le terme, « Approbation » désigne l'acte par lequel une Autorité compétente ou approbatrice, valide pour donner effet au marché la décision d'attribution postérieurement à l'avis favorable de la Direction en charge du Contrôle des marchés publics sur la procédure de passation.

6. Architecte

Le terme, « Architecte » désigne l'entité ou la personne physique qui prend en charge les questions générales de conception du bâtiment en ce qui concerne l'usage, les grands choix techniques et la forme.

7. Attachements

Le terme, « Attachements » désigne les relevés écrits ou graphiques, réalisés au cours des travaux, généralement de manière quotidienne, servant à l'établissement de mémoires, en particulier dans les cas où la vérification ultérieure de ces travaux serait impossible.

8. Avenant

Le terme, « Avenant » désigne l'acte par lequel les parties à un contrat conviennent de modifier ou de compléter par écrit une ou plusieurs conditions initiales d'un marché en cours d'exécution.

9. Bordereau de livraison

Le terme, « Bordereau de livraison » est le document, établi par le titulaire du marché à la préparation de la livraison, il donne le détail des marchandises à livrer (nature, référence, quantité) et est remis à l'Autorité contractante ou à toute autre personne désignée par cette dernière.

10. Bureau d'études techniques

Le terme, « Bureau d'études techniques » désigne la personne morale de droit privé auquel le Maître d'ouvrage fait appel pour des études, des calculs et la réalisation des plans, dans un ou plusieurs corps d'état ou domaines techniques.

11. « Cahier des clauses administratives générales

Le terme, « Cahier des clauses administratives générales (CCAG) » désigne le recueil de clauses rédigées dans les dossiers types contenant des clauses juridiques, administratives et financières applicables à tous les marchés publics d'une même nature.

12. Cahier des Clauses administratives particulières

Le terme, « Cahier des Clauses administratives particulières (CCAP) » désigne le recueil de clauses indiquées dans les dossiers types pour préciser ou déroger aux stipulations du CCAG auquel il fait référence.

13. Cahier des Clauses techniques générales

Le terme, « Cahier des Clauses techniques générales (CCTG) » désigne une partie des Dossiers types qui fixe les stipulations techniques applicables à tous les marchés publics d'une même nature, ou d'un même secteur d'activité, qui s'y réfèrent expressément.

14. Cahier des Clauses techniques particulières

Le terme, « Cahier des Clauses Techniques particulières (CCTP) » désigne la pièce constitutive et contractuelle d'un marché public, élaborée en amont de la procédure, à laquelle le soumissionnaire adhère sans condition ni réserve lorsqu'il fait une offre.

15. Cahier des Prescriptions communes (CPC) »

Le terme, « Cahier des Prescriptions communes (CPC) » signifie l'ensemble des clauses techniques qui s'appliquent aux travaux, fournitures ou services de même nature.

16. Cahier des Prescriptions Spéciales (CPS) »

Le terme, « Cahier des Prescriptions spéciales (CPS) » signifie l'ensemble des Clauses administratives particulières et les Spécifications techniques, faisant partie du Dossier d'appel d'offres et des pièces du marché.

17. Cession du marché

Le terme, « Cession du marché » désigne la situation par laquelle, une nouvelle personne morale se substitue, à la personne du titulaire initial qui lui a cédé le marché, pour ses droits et obligations, avec l'autorisation de l'Autorité contractante ; au cas où le marché est cédé à une institution financière, le titulaire doit continuer son exécution.

18. Coordinateur sécurité, hygiène et de santé

Le terme « Coordinateur sécurité, hygiène et de santé » désigne la personne physique ou morale chargée par le Maître d'ouvrage ou le maître d'œuvre du projet d'exécuter, pendant la réalisation de l'ouvrage, des prescriptions minimales de sécurité, d'hygiène et de santé à mettre en œuvre sur les chantiers temporaires ou mobiles.

19. Compte-rendu de chantier

Le terme « Compte-rendu de chantier » désigne le document qui sert à récapituler l'avancement du chantier, ainsi qu'à signaler les éventuelles difficultés rencontrées.

20. Contrôleur technique

Le terme, « Contrôleur technique » désigne la personne chargée de vérifier si les ouvrages conçus par la maîtrise d'œuvre et réalisés par les entreprises sont conformes à la réglementation qui s'applique au bâtiment, de donner des avis au Maître d'ouvrage sur les problèmes techniques susceptibles d'être rencontrés dans la réalisation de l'ouvrage en contrôlant la réalisation sur le chantier, en procédant à l'établissement d'un rapport avant le commencement des travaux et à des vérifications, avant la réception.

21. Contrat de sous-traitance

Le terme « Contrat de sous-traitance » (ou sous-traité) désigne la convention ou le contrat de droit privé qui permet à un titulaire de marché public de faire exécuter une partie de son marché par un tiers.

22. Cotraitance

Le terme « Cotraitance » désigne la situation dans laquelle plusieurs Entrepreneurs constituent un groupement dans le but d'entretenir, entre eux, des liens juridiques économiques et financiers.

23. Crédit documentaire

Le terme « Crédit documentaire » est une relation commerciale établie sous forme de crédit révocable, de crédit irrévocable ou de crédit irrévocable et confirmé, entre une Autorité contractante et un fournisseur étranger qui s'exécute par le biais de deux banques : l'une au Sénégal, c'est la banque émettrice et l'autre dans le pays du fournisseur, c'est la banque notificative, ceci afin de faciliter le règlement des achats faits à l'étranger.

24. Décision de poursuivre

Le terme « Décision de poursuivre » désigne dans plusieurs procédures de marchés, l'ordre donné par l'Autorité contractante de continuer des prestations et leur paiement au-delà du montant initial, en cas de nécessité.

25. Entrepreneur

Le terme « Entrepreneur » désigne la personne morale de droit public ou privé chargée, de construire l'ouvrage, dans le cadre d'un marché, en entreprise générale ou à titre d'entreprise titulaire d'un seul lot.

26. Entreprise générale

Le terme « Entreprise générale » désigne le titulaire d'un marché unique passé avec le Maître d'ouvrage et qui est engagé pour la totalité des travaux.

27. Entreprise individuelle

Le terme « Entreprise individuelle » désigne le titulaire d'un lot et qui n'est engagé qu'à l'égard des travaux relevant de son lot ou du corps d'état qui lui est attribué (maçonnerie, peinture, électricité…)

28. Exécution d'un marché public

Le terme « Exécution d'un marché public » désigne la mise en œuvre des activités pour la réalisation des prestations retenues au contrat et la gestion des implications et incidences administratives, financières et techniques résultant de faits prévisibles ou non.

29. Fondations

Le terme « Fondations » désigne l'ensemble des ouvrages enterrés qui composent la stabilité de la construction et permet de porter la construction sans aucun risque de déplacement vertical (enfoncement) ou latéral (pression des terres, glissement de pentes).

30. Fournisseur

Le terme « Fournisseur » désigne la personne morale de droit public ou privé titulaire d'un marché de fournitures.

31. Garantie de bonne exécution

Le terme, « Garantie de bonne exécution » est une sécurité constituée par une banque agréée à la demande du titulaire, pour assurer la bonne exécution du marché, aussi bien du point de vue technique que du point de vue du délai d'exécution.

32. Garantie décennale

Le terme, « Garantie décennale » est la garantie constituée par une Compagnie d'assurance agréée, à la demande de l'Entrepreneur, pour couvrir la réparation de certains dommages pouvant affecter une construction, pendant une durée de 10 ans à compter de la réception définitive des travaux, sans qu'il ne soit nécessaire d'attendre une décision de justice.

33. Géomètre

Le terme « Géomètre » désigne la personne physique ou morale qui fournit à la maîtrise d'ouvrage un plan topographique à partir duquel la maîtrise d'œuvre pourra situer son projet dans le site choisi.

34. Gros-œuvre

Le terme, « Gros-œuvre » désigne l'ensemble des gros murs, poteaux, planchers, charpentes, qui composent l'ossature (structure portante) du bâtiment et assure la solidité et la stabilité de l'édifice.

35. Groupement d'entreprises

Le terme, « Groupement d'entreprises » désigne le regroupement temporaire sans personnalité morale, d'entreprises, en ce qui concerne leurs moyens, dans le cadre d'un marché, chacune conservant le bénéfice de son activité.

36. Groupement conjoint

Le terme, « Groupement conjoint » désigne la forme de groupement où chacun des membres s'engage à exécuter la ou les prestations qui lui sont attribuées, dans le cadre d'un marché.

37. Groupement solidaire

Le terme, « Groupement solidaire » désigne la forme de groupement où chacun des membres est engagé pour la totalité du marché tout en étant tout lié solidairement, vis-à-vis de l'Autorité contractante, pour toute inexécution des prestations incombant à l'un d'entre eux.

38. Interruption

Le terme, « Interruption » peut être compris comme la décision prise par le titulaire marché de différer le début des travaux ou d'en suspendre l'exécution.

39. Journal de chantier

Le terme, « Journal de chantier » désigne le document qui retrace la vie sur le théâtre des opérations, jour par jour (présence et activité du personnel, les approvisionnements, les prélèvements au niveau des stocks, des matériels, des incidents, des arrêts et leurs causes, des contrôles effectués, etc.), et en constitue la mémoire écrite.

40. Livraison

Le terme, « Livraison » désigne l'acte par lequel le titulaire du marché remet les fournitures, biens ou équipements à l'Autorité contractante.

41. Maçonnerie

Le terme, « Maçonnerie » désigne l'assemblage de matériaux élémentaires, mis ensemble de manière non réversible (avec un liant le plus souvent connu sous le vocable de ciment).

42. Mainlevée

Le terme, « Mainlevée » désigne l'acte juridique par lequel un créancier (souvent la banque) ou une Autorité contractante déclare renoncer à une mesure conservatoire portant sur un marché.

43. Maître d'œuvre ou maîtrise d'œuvre (MOE)

Le terme, « Maître d'œuvre ou maîtrise d'œuvre (MOE) » désigne la personne physique ou morale de droit public ou de droit privé chargée par le maître d'ouvrage public des aspects architecturaux et techniques de la réalisation d'un ouvrage de bâtiment ou d'infrastructure et dans les opérations de réception.

44. Maître d'ouvrage délégué (MOD)

Le terme, « Maître d'ouvrage délégué (MOD) » désigne la personne morale de droit public ou privé interface entre le Maître d'œuvre et le Maître d'ouvrage afin d'aider le Maître d'ouvrage, sur la base d'une convention, pour l'exécution de tout ou partie des attributions, de ce dernier, relatives à la passation et à l'exécution de marchés.

45. Maître d'ouvrage

Le terme, « Maître d'ouvrage » désigne la personne morale de droit public (État, collectivités territoriales) porteuse du besoin, définissant l'objectif du marché, son calendrier et le budget et qui dispose d'une grande responsabilité dans son exécution et son contrôle.

46. Mandataire

Le terme, « Mandataire » désigne l'opérateur économique qui agit grâce à un mandat qui lui est donné par les autres membres d'un groupement, en leur nom et pour leur compte, dans le cadre l'exécution d'un marché.

47. Marché principal

Le terme, « marché principal » désigne le contrat passé entre une Autorité contractante et un titulaire qui peut être une structure privée ou entreprise dans le cas d'un marché de travaux, il est le premier maillon de la relation triangulaire consécutive à la sous-traitance.

48. Masse initiale des travaux

Le terme, « Masse initiale des travaux » désigne la masse des travaux résultant des prévisions du marché initial éventuellement modifié ou complété, par les avenants intervenus, actualisation et révision non comprises.

49. Masse des travaux exécutés

Le terme, « Masse des travaux exécutés » désigne le montant des travaux réalisés par l'Entreprise et évalués à partir des prix de base du marché (c'est-à-dire sans actualisation ni révision de prix, en hors taxe sur la valeur ajoutée (TVA).

50. Montant initial du marché

Le terme, « Montant initial du marché » correspond à l'évaluation établie aux conditions économiques initiales, de l'ensemble des sommes qui seront versées au titulaire en fonction des prix en toutes taxes comprises (TTC) du marché.

51. Montant exécuté du marché

Le terme, « Montant exécuté du marché » correspond à la totalité des paiements TTC pendant la durée du marché (solde inclus).

52. Nantissement de créance

Le terme, « Nantissement de créance » désigne le contrat par lequel le titulaire du marché public donne en gage à un établissement bancaire appelé créancier nanti ou bénéficiaire de la créance qui résultera de l'exécution du marché public, en échange de quoi, ce dernier le finance.

53. Nature d'ouvrage

Le terme, « Nature d'ouvrage » peut être défini comme, les ouvrages inscrits au bordereau sous le même numéro et rémunérés au moyen du même prix.

54. Ordre de service

Le terme, « Ordre de service » désigne toute instruction écrite donnée par le Maître d'œuvre, le Maître d'ouvrage délégué, ou le Maître d'ouvrage à l'Entreprise titulaire du marché public et qui précise les modalités d'exécution, de tout ou partie, des prestations qui constituent l'objet du marché.

55. Opérations préalables à la réception

Le terme, « Opérations préalables à la réception », est la rencontre au cours de laquelle, le Maître d'ouvrage vérifie la qualité apparente du travail fourni et exige des réfections si les travaux ne sont pas conformes aux stipulations du marché ou ne sont pas exécutés suivant les règles de l'art.

56. Opération de travaux

Le terme, « Opération de travaux » désigne la valeur globale des travaux se rapportant à une même opération caractérisée par son unité fonctionnelle, technique ou économique, à mettre en œuvre dans une période de temps et un périmètre limité, que celle-ci comporte un ou plusieurs ouvrages.

57. Ouvrage

Le terme « Ouvrage » désigne le résultat d'un ensemble de travaux de bâtiments ou de génie civil destinés à remplir par lui-même une fonction économique ou technique. Il peut comprendre notamment des opérations de construction, de reconstruction, de démolition, de réparation ou de rénovation, telles que la préparation du chantier, les travaux de terrassement, l'érection, la construction, l'installation d'équipement ou de matériel, la décoration et la finition ainsi que les services accessoires aux travaux si la valeur de ces services ne dépasse pas celle des travaux eux-mêmes.

58. Paiement

Le terme, « Paiement » désigne l'acte par lequel une Autorité contractante s'acquitte par un versement effectué soit par acompte, soit par solde sur la base d'un décompte ou d'une facture liquidés pour se libérer de sa dette.

59. Pièces constitutives du marché

Le terme, « Pièces constitutives du marché » désigne l'ensemble des documents comprenant : la lettre de notification de l'attribution, l'Acte d'engagement et ses annexes, la soumission et ses annexes, les plans, le Bordereau des prix et le Détail quantitatif et estimatif, les CCAP et les CCAG les actes spéciaux de sous-traitance antérieurs à la notification du marché.

60. Pièces contractuelles du marché

Le terme, « Pièces contractuelles du marché » désigne l'ensemble des documents constituant le marché comprenant : la Lettre de notification de l'attribution, l'Acte d'engagement dûment signé, la soumission et ses annexes, les CCAP et les CCAG, CPTP, les plans, notes de calculs, cahier des sondages, dossier géotechnique.

61. Période de mobilisation du chantier

Le terme, « Période de mobilisation du chantier » désigne la période qui court à compter de l'entrée en vigueur du marché et pendant laquelle, avant l'exécution proprement dite des travaux, le Maître d'ouvrage et l'Entreprise titulaire du marché public ont à prendre certaines dispositions préparatoires et à établir certains documents nécessaires à la réalisation des ouvrages.

62. Permis de construire (PC)

Le terme, « Permis de construire (PC) » désigne l'autorisation administrative obligatoire dont l'Autorité contractante doit disposer, avant le démarrage des travaux, au niveau du site du projet et qui vise à garantir le respect de normes urbanistiques et architecturales.

63. Plan de récolement

Le terme, « Plan de récolement » désigne le plan obligatoire qui intervient à la fin d'un chantier afin de vérifier les travaux réalisés. Il est fait à l'achèvement des travaux de construction dans le but de vérifier la conformité des travaux réalisés par rapport au plan initial et les travaux différents de ce qui a été prévu au départ.

64. Réception définitive de travaux

Le terme, « Réception définitive de travaux » désigne l'acte par lequel le Maître d'ouvrage reconnaît, un an après la réception provisoire, que les travaux ont été exécutés conformément aux contrats d'entreprises, que leur mise en œuvre est conforme aux règles de l'art et à leur destination.

65. Réception provisoire de travaux

Le terme, « Réception provisoire de travaux » désigne l'acte par lequel le Maître d'ouvrage déclare accepter l'ouvrage, avec ou sans réserve, et constate que l'Entreprise titulaire du marché public a accompli ses engagements contractuels.

66. Réception de biens

Le terme, « Réception de biens » est l'acte par lequel une Autorité contractante déclare accepter les fournitures et biens reçus avec ou sans réserve directement des mains du livreur du titulaire du marché.

67. Réception de prestations intellectuelles

Le terme, « Réception de prestations intellectuelles » désigne l'acceptation faite par une Autorité contractante, après remise, par le Consultant de son travail, suivie de discussions techniques, aux termes desquelles le Comité de validation, suivant les orientations et indications prévues par les termes de référence, approuve ou non le ou les différents rapports soumis.

68. Réfaction

Le terme, « Réfaction » est la décision prise par l'Autorité contractante de réduire le montant des prestations à verser au titulaire, lorsque les prestations ne satisfont pas entièrement aux prescriptions du marché, mais qu'elles peuvent être reçues en l'état.

69. Résiliation

Le terme « Résiliation » peut être défini comme la décision de mettre fin aux obligations et responsabilités contractuelles du titulaire et à l'exécution du marché public, avant son terme.

70. Retenue de garantie

Le terme, « Retenue de garantie » est le montant constitué par les différentes ponctions effectuées par l'Autorité contractante lors des paiements d'acomptes pour couvrir les réserves formulées à la réception des travaux, ainsi que celles apparues pendant le délai de garantie.

71. Responsable Ordonnancement pilotage coordination (ROPC)

Le terme, « Responsable de l'Ordonnancement pilotage coordination (ROPC) » désigne la personne physique ou morale chargée par le Maître d'ouvrage ou le Maître d'œuvre de gérer de façon plus précise les questions de délais et d'organisation entre les entreprises si les délais sont courts ou les conditions d'organisation du chantier compliquées (chantier en site occupé par exemple).

72. Réunions de chantier

Le terme, « Réunions de chantier » désigne les rencontres tenues, entre l'Entreprise titulaire du marché public, le Maître d'ouvrage, le Maître d'œuvre, le Coordinateur sécurité-hygiène et santé, le Responsable de l'Ordonnancement pilotage coordination, le Bureau d'études techniques et tous ceux qui ont un lien direct avec les travaux pour faire le point sur l'avancement des travaux, le respect du contrat et du cahier des charges.

73. Second œuvre

Le terme, « Second-œuvre » désigne tous les autres ouvrages qui s'appuient sur le gros œuvre.

74. Sous-traitance

Le terme, « Sous-traitance » désigne l'opération par laquelle, une Entreprise titulaire du marché public confie par un sous-traité, et sous sa responsabilité, à une autre personne appelée sous-traitant l'exécution d'une partie d'un marché public.

75. Sous-traitant

Le terme, « Sous-traitant » désigne la personne morale ou la personne physique à qui un titulaire de marché public fait appel, sur la base d'un contrat privé, lorsque ce dernier ne possède pas en interne les ressources nécessaires pour la réalisation de certaines tâches du projet de construction ; avec l'accord préalable du Maître d'ouvrage.

76. Terrassement

Le terme, « Terrassement » désigne les déplacements, en quantités importantes de sols, dans divers buts : creuser un parking, réaliser des fondations, modifier le relief, etc.

77. Travaux

Le terme, « Travaux » désigne toutes les opérations de construction, reconstruction, démolition, réparation ou rénovation de tout bâtiment ou ouvrage, y compris la préparation du chantier, les travaux de terrassement, l'installation d'équipements ou de matériels, la décoration et la finition.

78. Voirie et les réseaux divers (VRD)

Le terme, « Voirie et les réseaux divers (VRD) » concerne la voirie (routes, chaussées, bordures, trottoirs, etc.) et les réseaux divers (réseaux d'assainissement, réseaux d'adduction d'eau potable, éclairage public.

**** ***

CHAPITRE I
LES PRÉALABLES A L'EXÉCUTION DES MARCHÉS

1.1 ARRANGEMENTS CONTRACTUELS.

1.1.1 Publication d'un avis d'attribution provisoire.

Dès que l'attribution du marché entérinée par l'Autorité contractante est validée, selon le niveau de revue, par la Cellule de passation des marchés ou la Direction en charge du Contrôle des marchés publics, il est publié un « Avis d'attribution provisoire ».

L'avis d'attribution provisoire est un document d'information publié par l'Autorité contractante. Il est fait dans le même support de publication que celle qui avait été choisie pour l'Avis d'appel public à la concurrence. Sa publication doit intervenir immédiatement après l'approbation ou la validation du Procès-verbal d'attribution approuvée par l'Autorité compétente.

L'avis d'attribution provisoire expose les principales informations relatives à l'attribution du marché. Tout marché au-delà du seuil à la suite d'une procédure ouverte ou par Entente directe doit faire l'objet d'une publication qui concerne les principales informations relatives à l'attribution du marché.

Pour sécuriser le contrat, l'Autorité contractante doit faire courir le délai de publication de l'attribution provisoire du marché, le plus rapidement possible, afin de, purger le contrat de tout recours en contestation de validité par un Candidat dont l'offre n'a pas été retenue. Un concurrent évincé qui ne met pas en œuvre dans les délais le recours en contestation qui lui est offert ne peut plus exercer un quelconque recours contre la procédure.

L'Avis de publication de l'attribution provisoire mentionne :

- les références de la publication de l'Avis d'Appel d'offres ;
- la date de publication de l'Avis d'Appel d'offres ;
- la dénomination du marché :
- Les offres reçues et l'identité des différents soumissionnaires ;
- les noms et adresses de l'attributaire provisoire ;
- le montant de l'offre retenue en Hors taxes hors douanes (HTHD) pour les marchés financés sur fonds extérieurs ou en toutes taxes comprises (TTC) pour ceux financés à partir du budget de l'Etat ;
- les délais d'exécution de l'offre retenue provisoirement.

Il est évoqué pour clore le texte de l'avis d'attribution provisoire, les dispositions relatives au recours gracieux et au recours éventuel au Comité de règlement des différends auprès de l'Autorité de Régulation des marchés publics. La date d'attribution à indiquer dans les avis d'attribution est la date de notification de l'attribution provisoire. La publication d'un avis d'attribution est une formalité obligatoire.

1.1.2 La signature du projet de marché.

Le projet de marché à soumettre à la signature de l'attributaire est celui qui avait été annexé au Dossier d'appel d'offres ou la Demande de propositions ; document unique comportant

- les clauses particulières complétées par les mentions obligatoires (conformes au Dossier d'appel d'offres ou de la Demande de propositions) ;
- les clauses ou données particulières ;
- les spécifications techniques ou termes de références de l'offre retenue pour les travaux, fournitures ou services ou la proposition technique du consultant ;
- l'offre ou la proposition financière du Candidat retenu.

Le projet de marché qui avait été rattaché au Dossier de consultation est complété au niveau de ses données particulières par les informations pertinentes sur :

- l'identité de l'attributaire (prénoms et nom, titre du signataire autorisé, informations juridico-techniques sur l'Entreprise retenue, adresse d'élection de domicile ou de siège social, Registre de commerce, Numéro d'Identification national des Entreprises et Administrations (NINEA), Boîte postale, etc.
- les modalités de paiement qui tiennent compte de l'offre de l'attributaire (les avances et la répartition des différentes tranches ; les modalités de livraison des fournitures ou des travaux (adresse de mise à disposition et modalités) ;
- les conditions et formes de délivrance des rapports d'étapes, des rapports provisoires et rapports finaux intégrant les observations formulées par les comités d'approbation des prestations intellectuelles ;
- les structures compétentes pour l'arbitrage ou le règlement des différends (généralement est le tribunal statuant en matières administratives du lieu d'exécution du marché).

Dans la pratique, le projet de marché accompagné de toutes ces pièces, est transmis au titulaire pour datation et signature. Avant de transmettre un projet de marché pour signature, la bonne pratique voudrait que toutes les pages du projet de contrat de marché soient parafées par l'Autorité contractante. La signature par le titulaire vaut accord sur les termes et conditions du marché.

1.1.3 Gestion du contrat de marché public.

1.1.3.2 Les pièces constitutives.

La gestion d'un contrat de marché est de s'assurer de sa conformité avec les termes et conditions, qui avaient prévalu lors de l'appel à la concurrence, ainsi que de le documenter et de s'entendre sur les modifications qui peuvent survenir lors de sa mise en œuvre ou de son exécution. Cela consiste à administrer de manière systématique et efficace, les activités et événements liés à son exécution dans le but de maximiser son rendement financier et opérationnel tout en minimisant les risques qui peuvent entraver son bon déroulement.

Cette gestion se fait à partir d'un ensemble pièces contractuelles qui ont un ordre de priorité. Les marchés doivent être conclus et approuvés et mis en bon ordre avant tout commencement d'exécution.

Les marchés font l'objet d'une documentation spécifique qui comporte les pièces constitutives et les mentions obligatoires conformes au dossier qui avait été utilisé pour organiser la concurrence. Les pièces constitutives d'un marché comprennent les documents généraux et les documents particuliers suivants :

1. la lettre de notification d'attribution, l'acte d'engagement et ses éventuelles annexes;
2. le Cahier des Clauses administratives générales ;
3. le Cahier des Clauses administratives particulières ;
4. le Cahier des Clauses techniques générales ;
5. le Cahier des Clauses techniques particulières comprenant les spécifications techniques ou termes de références ;
6. les plans et dessins ;
7. le Bordereau des prix et le Détail quantitatif et estimatif ;
8. les actes spéciaux de sous-traitance antérieurs à la notification du marché ;
9. l'offre technique retenue et pièces annexées
10. l'offre ou la proposition financière du titulaire.
11. Les modifications éventuelles, opérées par avenant

1.1.3.3 Les pièces contractuelles du marché public.

Les pièces contractuelles du marché comprennent :

- la Lettre de notification d'attribution ;
- l'Acte d'engagement dûment signé ;
- la soumission et ses annexes ;
- le Cahier des Clauses administratives générales (CCAG) ;
- le Cahier des Clauses administratives particulières (CCAP) ;
- les Clauses techniques générales applicables aux prestations faisant l'objet du marché tel que stipulé dans le Cahier des Clauses techniques ainsi que tout autre document du même type visé au CCAP tels que plans, notes de calculs, cahier des sondages, dossier géotechnique lorsque ces pièces sont mentionnées dans le CCAP pour les marchés de travaux ;
- les Clauses ou conditions techniques particulières contenant la description et les caractéristiques des prestations ;
- le Détail quantitatif et estimatif ;
- le Bordereau des prix unitaires ou la série de prix qui en tient lieu ainsi que, le cas échéant, l'état des prix forfaitaires si le marché en prévoit ;
- la décomposition des prix forfaitaires et les sous-détails de prix unitaires, lorsque ces pièces sont mentionnées comme contractuelles dans le CCAP ;

Les pièces postérieures à la conclusion du marché :

- les avenants, acte spécial pour sous-traitant accepté après la conclusion du marché.

1.1.3.4 L'importance des pièces du contrat

a. Acte d'engagement ou lettre de marché.

L'acte d'engagement est une pièce fondamentale dans la formation d'un marché, il permet l'échange de consentements des parties et la démonstration de leur accord sur l'objet, le contenu et le prix de la prestation. Sa signature par le titulaire rend son offre irréversible et le lie. En effet, en signant l'acte d'engagement, le titulaire s'engage à respecter le prix qu'il a offert et à se conformer aux conditions du marché et aux autres documents constitutifs.

Il existe cependant, certaines conditions de recevabilité de compétences ou de formes liées à la signature d'un acte d'engagement qui sont à connaître. Un contrat dont l'acte de soumission n'est pas signé auparavant, par une personne dûment mandatée ou habilitée à engager l'entreprise candidate, est irrégulier.

Par voie de conséquence, un acte d'engagement non signé est irrecevable. Cependant, aucun modèle d'acte d'engagement n'est imposé sous peine d'irrecevabilité, sauf mention contraire dans le dossier de consultation.

L'acte d'engagement étant la première pièce constitutive du marché, elle est donc signée par :

- le titulaire d'un marché ou d'un accord-cadre à titre individuel ou par l'ensemble des membres de groupement conjoint ;

- par le mandataire en cas de groupement solidaire.

Pour un groupement, l'acte d'engagement est un document unique indique :

- **pour les groupements conjoints** : le montant et la répartition détaillée des prestations que chacun des membres du groupement s'engage à exécuter ;

- **pour les groupements solidaires** : le montant total du marché et l'ensemble des prestations que les membres du groupement s'engagent à réaliser solidairement.

L'acte d'engagement est ensuite signé par l'Autorité contractante.

Les annexes à l'acte d'engagement sont les suivantes :

- Le CCAP ;

- Le CCAG ;

- les annexes financières ;

- la présentation d'un sous-traitant ou acte spécial ;

- l'habilitation d'un mandataire pour les groupements solidaires.

- Si les ordres de priorités figurant au contrat ne sont pas suffisants, il est important de savoir que les pièces particulières priment les pièces générales, les clauses manuscrites prévalent sur celles qui sont dactylographiées.

b. <u>Cahier des Clauses administratives particulières.</u>

Le Cahier des Clauses administratives particulières (CCAP) est un document contractuel spécifique à un marché comportant des clauses de portée juridique et financière. Les clauses de base des CCAP sont établies dans les Dossiers types.

Les dispositions particulières sont établies par l'Autorité contractante, qui fixe les clauses administratives propres à chaque marché à partir des clauses de bases du Cahier des Clauses administratives générales (CCAG) qui peuvent être complétées au besoin.

Pour rappel, le CCAP fait partie du cahier des charges et est une pièce constitutive du marché, il décrit les conditions administratives particulières d'exécution des prestations, les conditions de règlement (avances, acomptes, délai de paiement, obligations d'assurances, responsabilité et garanties exigées par l'Autorité contractante, les conditions de vérification des prestations et de présentation des sous-traitants.

Le CCAP doit contenir notamment la définition précise de l'objet du marché et le mode de passation. Les clauses des CCAP comportent obligatoirement les indications des clauses du CCAG auxquelles elles dérogent éventuellement.

Le CCAP complète ou adapte des clauses du Cahier des Clauses administratives générales (CCAG) des dossiers types sur lesquels il trône.

c. <u>Cahier des Clauses administratives générales.</u>

Le Cahier des Clauses administratives générales (CCAG) est un recueil de clauses établies dans les Dossiers types par l'Autorité en charge de la Régulation des marchés Publics.

Le CCAG fixe les dispositions administratives juridiques et financières applicables à toutes les prestations d'une même nature ou d'un même secteur d'activité, palliant l'absence de stipulations du CCAP pour les marchés qui y font référence.

Le CCAG est en quelque sorte les conditions générales d'achats. Ces clauses générales n'ont toutefois de force juridique obligatoire que dans la mesure où les parties s'y réfèrent. Les dérogations au CCAG, s'il y a lieu, doivent être récapitulées dans le CCAP.

d. <u>Le Cahier des Clauses techniques particulières.</u>

Le Cahier des Clauses techniques particulières (CCTP) est un document contractuel qui rassemble les clauses techniques d'un marché public. Il est rédigé sous la responsabilité de la Personne responsable des marchés publics.

Pour ne pas être attaquable, et limiter le risque juridique, le contenu du CPTP doit être rédigé de façon claire et impartiale, de manière à ne pas aboutir à exclure arbitrairement certains Candidats, ni en favoriser d'autres. Le CCTP détaille les dispositions techniques nécessaires à l'exécution des prestations de chaque marché. Le CCTP fait partie des pièces constitutives du marché.

Les prescriptions qu'il contient permettent à la Personne responsable du marché public de vérifier le bon déroulement et l'atteinte des objectifs et la bonne réalisation des prestations (« contrôle du service fait »). Dans le domaine du bâtiment et des travaux publics, il décrit les caractéristiques détaillées des travaux à exécuter avec leur localisation en se référant généralement aux pièces graphiques du dossier.

Pour les dossiers pas trop compliqués, le CCTP et le CCAP peuvent être réunis en un seul document : le cahier des Prescriptions techniques particulières (CPTP). Lors de la préparation d'un marché, si des éléments contenus dans les CPTP n'apparaissent pas dans le bordereau des prix cela doit être signalé. Si aucune alerte n'a été donnée à cette étape, pour les marchés à prix forfaitaire, le titulaire est tenu d'exécuter l'ensemble des prestations indiquées dans les plans ou CPTP.

e. <u>Le Cahier des Clauses techniques générales</u>

Le Cahier des Clauses techniques générales (CCTG) est le pendant des CCTP, il permet d'imposer un standard technique minimal, à toutes les prestations d'une même nature dans le cadre d'un marché public. Le CCTG est divisé en fascicules, chacun applicable à une prestation particulière. Les cahiers des clauses techniques (générales ou particulières) peuvent être un document technique unifié.

1.2 LA PROCÉDURE D'APPROBATION DES MARCHÉS.

L'approbation est l'acte par lequel une Autorité compétente ou approbatrice valide la décision d'attribution du marché postérieurement à l'avis favorable de la Direction en charge du Contrôle des marchés publics sur la procédure.

La Personne responsable du marché public représentant l'Autorité contractante est tenue de soumettre à l'approbation, le marché, dans la période de validité des offres.

L'attributaire du marché ne peut se prévaloir des clauses du marché tant que l'approbation de celui-ci n'est pas intervenue. En effet, les marchés signés sont soumis à l'approbation en fonction des seuils prévus.

Les Autorités compétentes, après avis favorable de la Direction en charge du Contrôle des marchés publics, approuvent les marchés après exploitation du dossier transmis comprenant :

- un bordereau récapitulant la nature et le nombre des pièces constitutives du dossier à approuver ;
- un rapport de présentation précisant l'objet et la procédure suivie pour la conclusion du marché et le régime fiscal et douanier applicable au marché ;
- l'avis favorable de la Direction en charge du Contrôle des marchés publics et du bailleur si requis ;
- le marché signé par les parties contractantes en cinq (5) originaux.

Les cinq originaux sont ainsi répartis :

- deux exemplaires originaux seront conservés au niveau de Direction en charge du Contrôle des marchés publics ;
- trois exemplaires seront remis au titulaire par l'Autorité contractante pour les besoins d'enregistrement (un exemplaire restera au niveau des services des impôts ;
- l'attestation d'existence de crédit confirmant les disponibilités financières pour le paiement du marché.

L'Autorité contractante recevra un exemplaire du marché enregistré. La Cellule des marchés publics se chargera de faire les copies nécessaires du marché enregistré aux services concernés par le marché.

L'approbation confère un caractère définitif et exécutoire au marché signé par l'attributaire. Un refus d'approbation par l'Autorité approbatrice ne peut être objecté que par une décision motivée, telle une irrégularité dans la procédure ou pour absence de document attestant de l'existence des crédits suffisants.

1.3 LA NOTIFICATION DES MARCHÉS.

La notification d'un marché consiste en la remise d'un exemplaire approuvé et numéroté, au titulaire contre récépissé ou en un envoi par lettre recommandée avec accusé de réception ou par tout moyen permettant de donner date certaine à cet envoi.

La Direction en charge du Contrôle des marchés publics fait accompagner les marchés approuvés et numérotés d'une lettre de notification suivant un modèle conçu par ses soins. L'idée essentielle de la notification est qu'elle commande l'exécution du marché. C'est à compter de la notification que les délais contractuels commencent à courir. La date de notification est celle de l'avis de réception de la copie du marché par le titulaire.

Le marché peut prévoir une date de début d'exécution des prestations qui soit postérieure à la notification du marché et subordonner le démarrage des prestations à la remise d'un ordre de service.

Si le marché prévoit que sa notification vaut, ordre de service, pour tout ou partie des prestations, c'est à compter de cette date que leur exécution doit commencer. Dans le silence du marché, la notification du marché constitue le point de départ du délai d'exécution.

La notification est faite à l'adresse du titulaire mentionnée dans les documents particuliers du marché ou, à défaut, à son siège social, sauf si ces documents lui font obligation de domicile en un autre lieu. En cas de groupement, la notification se fait au mandataire du groupement.

Pour un marché à commande, la notification d'une première commande, dont le contenu est prédéterminé vaut notification du marché. Pour un marché à tranches, la notification vaut, ordre de service, pour exécuter la tranche ferme.

1.3.1 Mise en vigueur du contrat de marché.

Pour que le marché puisse entrer en vigueur après notification du marché, il faut que le titulaire remplisse les formalités d'enregistrement auprès des services compétents des impôts et domaines et remette une copie à l'Autorité contractante.

Le titulaire devra par ailleurs déposer auprès de l'Autorité contractante la garantie de bonne exécution. S'il s'agit d'un marché où il est prévu une avance de démarrage, l'entrée en vigueur sera corrélée avec le paiement de cette avance.

Pour les marchés de travaux, en plus des actes cités ci-dessus, l'entrée en vigueur du contrat sera assujettie à la mise à disposition du terrain et l'approbation du plan de béton armé. Une fois que toutes les conditions d'entrée en vigueur sont réunies, il importe de dresser un procès-verbal contresigné par le titulaire du marché.

1.4 PUBLICITÉ DE L'ATTRIBUTION DÉFINITIVE DES MARCHÉS

Dans les délais fixés en jours calendaires après approbation du marché, un avis d'attribution définitive est publié.

Les avis d'attribution provisoire et définitif sont publiés dans les mêmes conditions que les avis d'appel à la concurrence.

**** ***

CHAPITRE II

GÉNÉRALITÉS SUR L'EXÉCUTION DES MARCHÉS

Les Autorités contractantes concluent de nombreuses ententes que ce soit lors de la passation des marchés ou pendant leur exécution. En effet, ces deux phases des marchés publics impliquent de nombreux acteurs que sont : les Autorités contractantes, les fournisseurs, les consultants, les entreprises de travaux, les établissements financiers, les Maîtres d'œuvre, les Maîtres d'ouvrage délégué, les sous-traitants et parfois les bailleurs de fonds.

La première phase, celle de la passation des marchés publics est bouclée par la communication écrite, dans les meilleurs délais possibles, au candidat retenu et à tout candidat écarté, des motifs du maintien ou de rejet de leur offre. Il est publié un avis d'attribution provisoire dont le délai pour vider les oppositions est en jours suivant des dispositions réglementaires.

L'Autorité contractante doit informer également, par écrit, les candidats qui en font la demande écrite, des motifs qui l'ont conduit à ne pas attribuer, ou notifier le marché ou à reprendre une procédure. La première phase quand elle est bouclée aboutit à un contrat sans aucun aléa.

La seconde phase, celle de l'exécution des marchés publics est constituée d'étapes critiques avec la mise en œuvre de tous les éléments qui avaient été préparés avant et durant la passation du marché.

Cette seconde phase est la période phare pour la gestion des implications et incidences administratives, financières et techniques issues d'événements prévus ou non sur un chantier, durant une livraison de biens ou la prestation d'un service et qui comportent des risques. Ces risques, heureusement, ne peuvent laisser de lésions, les parties au contrat connaissant, dès la signature, les mécanismes à actionner pour neutraliser leurs effets.

Le point commun entre les deux phases –passation et exécution- réside dans le fait que les régimes juridiques considérés portent la marque de la puissance publique. Aussi, les Autorités contractantes disposent-elles, dans le cadre de la gestion des contrats de marchés publics, de pouvoirs à l'égard de leurs cocontractants à savoir :

- **un pouvoir de contrôle, de direction** sur l'exécution ;
- **un pouvoir de sanction** qui s'applique, même sans texte, en vertu des règles relatives aux contrats administratifs **;**
- **un pouvoir de résiliation** pour motif que le marché est devenu inutile ou inadapté.

Ces prérogatives dont disposent les Autorités contractantes ne doivent pas, cependant, occulter les spécificités du contrat de marché public, il ne faut pas perdre de vue qu'il s'agit d'un accord né de la rencontre de la volonté des parties signataires. Les spécificités du contrat sont liées aux règles qui président leur exécution technique et financière c'est-à-dire les obligations respectives des parties :

- les titulaires des marchés ont l'obligation, de réaliser de façon satisfaisante les prestations mises à leur charge, de devoir supporter tous les risques jusqu'à la réception des travaux, fournitures ou services ;

- en contrepartie de ces obligations, les titulaires bénéficient d'un droit au maintien de l'équilibre financier du contrat dans des conditions d'application différentes selon que les modifications ont été apportées au contrat suite à un cas de force majeure, de sujétions imprévues ou ont été ordonnées par l'Autorité contractante.

Les Autorités contractantes, suite à la conclusion de marchés publics, gèrent une quantité considérable d'informations ainsi qu'une documentation spécifique. Dans un tel contexte, l'atteinte des résultats de la satisfaction de leurs besoins dépend de leurs aptitudes à comprendre le cadre légal dans lequel elles évoluent et de la maîtrise qu'elles ont de l'exécution des marchés.

Une mauvaise compréhension des différents éléments d'un marché public peut générer de nombreux problèmes d'ordre juridique, opérationnel, technique et financier.

La mise en œuvre financière des marchés publics constitue, à l'évidence, la question centrale dans l'exécution des marchés ; cependant, elle ne peut être traitée qu'en parallèle avec les aspects techniques qui, en définitive, les précèdent.

Dans ce cadre, les cocontractants de l'Administration, que sont les titulaires de marchés, entrepreneurs, fournisseurs ou prestataires de services se trouvent enserrés dans trois séries de contraintes :

- **une contrainte organique**, née du fait qu'ils sont tenus d'exécuter personnellement les marchés attribués ;

- **une contrainte temporelle**, en ce qu'ils sont tenus d'exécuter les marchés sont attribués dans les délais prescrits ;

- **une contrainte matérielle**, les marchés doivent être exécutés conformément aux prescriptions techniques évaluées et retenues, aux notifications et ordres de service reçus de l'Autorité contractante.

Le titulaire du marché doit personnellement, réaliser les travaux, fournir les produits ou exécuter les services dans les délais prévus par le marché sinon il est passible de pénalités et/ou d'autres mesures coercitives. Cependant, il existe des exceptions à ce principe qui veut que chaque titulaire de marché réalise personnellement les travaux, fournitures ou services c'est le cas :

- **lors de la sous-traitance :** la sous-traitance consiste à confier l'exécution d'une partie du marché à une autre entreprise (la sous-traitance de la totalité du marché est interdite). En cas de sous-traitance acceptée, l'Entrepreneur principal reste personnellement responsable de la bonne exécution de l'ensemble des prestations prévues au marché.

- **lors de la cotraitance** ou une entreprise peut, sous certaines conditions, décider de s'unir avec d'autres entreprises au sein d'un groupement pour exécuter un marché. Dans un groupement conjoint, l'entreprise-chef de file est responsable de la bonne exécution des prestations, l'Autorité contractante peut être amenée à lui demander d'exécuter les prestations d'une autre entreprise du groupement qui est défaillante.

- **lors de la cession du marché** : pour céder un marché à une autre entreprise, il faut avoir l'autorisation de l'Autorité contractante. L'entreprise à qui le marché est cédé devra alors exécuter le contrat. Au cas où le marché serait nanti auprès d'une institution financière, le titulaire devra continuer l'exécution du marché.

- **lors de la survenance d'une force majeure :** La force majeure est un événement qui est irrésistible, imprévisible et extérieur aux parties : c'est un événement face auquel on ne peut rien, que l'on ne peut pas prévoir et qui est indépendant de la volonté des parties au contrat.

Les Autorités contractantes, pour le suivi et la vérification du processus d'exécution des marchés doivent avoir, une vue d'ensemble du cadre légal dans lequel elles évoluent.

Il est aussi important qu'elles puissent apprécier les dispositions contenues dans divers autres documents comme le Cahier des clauses administratives générales (CCAG), le Cahier des clauses administratives particulières (CCAP), le Cahier des clauses techniques générales (CCTG), le Cahier des clauses techniques particulières (CCTP), etc.).

Cette vue d'ensemble leur permet de gérer la manière dont les différentes étapes de l'exécution des marchés s'articulent entre elles. Cependant il faut maîtriser chaque étape de la procédure d'exécution des marchés, que ce soit au niveau technique ou au niveau financier.

Au niveau de l'exécution technique, il faut savoir :

- caractériser les marchés selon leur objet, leurs prix et leur durée ;
- maîtriser le type de chaque marché et ses particularités : marché à lots, marché à commande ;
- identifier les parties en présence : cotraitance, sous-traitance ou intervention de la maîtrise d'œuvre ;
- gérer les modifications contractuelles en cours d'exécution y compris les notions de bouleversement de l'économie générale et de l'objet d'un marché ;
- identifier les pénalités de retard prévues ; les conditions de réception, les prix et les clauses associées, régler les cessions de créances ;
- gérer la fin anticipée, la résiliation et l'annulation ;
- gérer les litiges associés.

Au niveau de l'exécution financière, il faut savoir :

- gérer le financement des marchés, les avances, les modalités de paiement et comprendre les acomptes, les décomptes et le nantissement de marchés ;
- gérer les garanties de bonne exécution et retenues de garantie, les garanties à première demande, etc.
- gérer la révision des prix ;
- opérer des contrôles avant paiement, gérer le délai global de paiement, les intérêts moratoires ;
- maîtriser les opérations de réception, d'établissement du décompte général et définitif des marchés de travaux et l'équivalent pour les autres catégories de marchés.

Dès la notification du marché au titulaire, la Personne responsable du marché doit exercer, directement, ou faire exercer par délégation, la charge de représenter l'Autorité contractante dans tous les aspects de l'exécution du marché.

Les Codes des marchés publics et textes réglementaires font de la Personne responsable des marchés publics, l'interlocuteur privilégié du titulaire du marché dès lors qu'elle dispose de pouvoirs suffisants pour prendre les décisions nécessaires engageant l'Autorité contractante.

A ce titre, lors de l'exécution du marché public, la Personne Responsable du Marché (RPM) donne les instructions nécessaires pour :

- respecter le contrat et procéder à des contrôles,
- délivrer les ordres de service,
- surveiller l'exécution des prestations,
- procéder à des constats d'événements ;
- contrôler le respect des phases techniques d'exécution.

Si nécessaire, suivant les événements nés du fait de l'exécution du marché, elle fait :

- accorder une prolongation de délais et adresse au titulaire des mises en demeure rappeler les obligations contractuelles ;
- prescrire des modifications en cours d'exécution et réceptionner les prestations.

★★★★ ★★★

CHAPITRE III
DETERMINATION DES DELAIS CONTRACTUELS

3.1 LES DÉLAIS D'EXÉCUTION DES MARCHÉS.

3.1.1 La détermination des délais contractuels.

Les délais d'exécution sont fixés dans l'acte d'engagement, mais aussi dans le calendrier prévisionnel ou général d'exécution pouvant figurer dans le cahier des clauses administratives particulières (CCAP).

Le point de départ des délais pour les marchés de travaux, de fournitures et des services physiques correspond, la plupart du temps, à la date inscrite dans la lettre de notification du marché ou dans l'Ordre de Service (OS) de démarrage des travaux, fournitures ou services.

Cette date fait courir le délai d'exécution des travaux, fournitures ou services. Pour les travaux, sauf précision contraire figurant dans le marché, la période de préparation du chantier est incluse dans le délai d'exécution.

Le point d'arrivée des délais pour les marchés de travaux est celui de la réception définitive pour les marchés de fournitures la réception des biens ou des équipements, pour les marchés de prestations intellectuelles, l'acceptation des livrables définitifs pour les contrats au forfait ou, la fin de la mission, dans le cas d'un contrat au temps passé.

3.1.1.1 Détermination des délais-marchés de travaux.

Sous réserve de dispositions contraires figurant au CCAP, le délai de commencement des travaux court à compter de la date d'entrée en vigueur du marché qui vaut également ordre de service de commencer les travaux, et il comprend la période de mobilisation définie dans le CCAG travaux.

Le délai de commencement s'impose à l'Entreprise titulaire du marché public, celle-ci doit s'y conformer, mais a la possibilité de présenter des réserves. En règle générale, l'Entreprise titulaire du marché public doit exécuter les instructions qu'elle reçoit sous forme d'ordres de service. Ne pas le faire peut l'exposer aux mesures coercitives.

Lorsqu'une Entreprise titulaire du marché public estime qu'un ordre de service dépasse les obligations contenues dans le marché qui lui a été notifié, elle doit formuler des réserves. Elle doit, sous peine de forclusion, les présenter par écrit au Maître d'œuvre.

La formulation des réserves se déroule en deux temps :

- l'Entreprise titulaire du marché public doit retourner immédiatement au Maître d'œuvre un exemplaire signé de l'ordre de service sur lequel elle aura indiqué la date et la mention manuscrite « signé avec réserves » au-dessus de sa signature ;

- il explicite ses réserves dans les meilleurs délais au Maître d'œuvre par lettre recommandée avec accusé de réception ou contre récépissé.

Il convient de noter que l'Entreprise titulaire du marché public est réputée avoir accepté toutes les conséquences de l'ordre de service qu'elle n'aurait pas évoquées dans ses réserves, à l'exception des conséquences qui auraient été imprévisibles. Si l'Entreprise titulaire du marché public ne le fait pas dans ce délai de 15 jours, elle ne pourra ultérieurement.

Les réserves ne sont pas des réclamations, mais des mesures conservatoires, sans effet suspensif, elles sont destinées à ménager pour l'avenir les droits à rémunération de l'Entreprise titulaire du marché public.

3.1.1.2 <u>Détermination des délais pour les marchés de fournitures et services physiques.</u>

Dans un marché de fournitures, un bon de commande ou de lettre de commande est un acte notifiant une décision au titulaire du marché.

a. Cas particulier des marchés à commandes.

Une Autorité contractante peut recourir *à un marché à commande qui fixe le minimum et le maximum de fournitures ou de prestations, arrêtés en valeur ou en quantité, susceptibles d'être commandés au cours de la période déterminée n'excédant pas celle d'utilisation des crédits de paiement ; etc. ».*

La durée globale des marchés à commande (avenants compris) ne peut dépasser trois ans, sauf dans des cas exceptionnels dûment justifiés, notamment par leur objet ou par le fait que leur exécution nécessite des investissements amortissables sur une durée supérieure à trois ans.

Le point de départ des délais est la date à laquelle la première commande a été servie.

1) **<u>Détermination des délais pour les marchés à tranches conditionnelles.</u>**

Lorsque, pour des raisons économiques, techniques ou financières, le rythme ou l'étendue des besoins à satisfaire ne peuvent être entièrement arrêtés dans le marché, une Autorité contractante peut passer un marché comportant une tranche ferme et une ou plusieurs tranches conditionnelles.

Le marché définit la consistance, le prix ou ses modalités de détermination et les modalités d'exécution des prestations de chaque tranche, qui doivent constituer un ensemble cohérent.

Le marché est passé en une seule fois pour la tranche ferme et les tranches conditionnelles, si la prestation est parfaitement déterminable dans l'ensemble de ses composantes sur la base d'un programme défini en totalité.

Le découpage doit être fonctionnel c'est-à-dire que chaque tranche doit pouvoir satisfaire le besoin exprimé de manière autonome.

Le délai d'exécution de chaque tranche affermie est le délai contenu dans les CCAP, la durée du marché est fonction du temps nécessaire à l'exécution de chacune des tranches.

3.2 <u>MODALITÉS DE CALCUL DES DÉLAIS D'EXÉCUTION.</u>

Tout délai mentionné dans un contrat de marché public commence à courir à 0 heure *(le fuseau horaire utilisé est celui du lieu de la livraison ou de l'exécution du service)*, le lendemain du jour où s'est produit le fait qui sert de point de départ à ce délai.

Les dates et heures applicables sont celles spécifiées par les documents particuliers du marché. Lorsque le délai est fixé en jours, il s'entend en jours calendaires (*un délai fixé en jours calendaires inclut les samedis, dimanches et jours fériés)* et il expire à minuit le dernier jour du délai.

Toutefois, lorsque le dernier jour du délai est un samedi, un dimanche ou un jour férié, le délai est prolongé jusqu'à la fin du premier jour ouvrable qui suit, à minuit.

Lorsque le délai est fixé en mois, il est compté de quantième en quantième. S'il n'existe pas de quantième correspondant dans le mois où se termine le délai, celui-ci expire le dernier jour de ce mois, à minuit.

Lorsque le délai est fixé en jours ouvrés, il s'entend hors samedi, dimanche et jours fériés. Le délai s'appliquant au titulaire n'inclut pas le délai nécessaire à l'Autorité contractante pour effectuer ses vérifications et prendre sa décision.

3.2.1 La modification des délais contractuels.

La modification des délais ne peut être constatée en cas de diminution que par un avenant (*cette notion sera revue plus amplement dans les chapitres suivants*) et en cas de prolongation, soit par une décision de l'Autorité contractante soit par un avenant.

Pour toute cause non imputable au titulaire du marché et engendrant des délais supplémentaires, celui-ci peut demander une prorogation du délai d'exécution, en cas de retard effectif ou prévisible. Les faits qui ouvrent droit à une prolongation de délais sont :

- un changement dans la masse de travaux (on entend par « masse », le montant des travaux) ; une modification de l'importance de certaines natures d'ouvrages (on vise ici les variations de quantités) ;
- une substitution à des ouvrages initialement prévus par d'autres ouvrages différents (ne pas oublier que cette « substitution » ne peut intervenir que sur la base d'un ordre de services reçu ou d'un avenant notifié);
- manquement de l'Autorité contractante à ses obligations contractuelles ;
- une rencontre de difficultés imprévues au cours de l'exécution des travaux ou cas de force majeure.

La prorogation de délai fait l'objet d'un avenant et est notifiée par ordre de service. Aucune prorogation de délai d'exécution ne peut être présentée pour des affaires survenues après l'expiration du délai contractuel.

**** ***

CHAPITRE IV
MARCHES DE TRAVAUX
LES ACTEURS ET LEURS INTERVENTIONS

Le terme «Marché de travaux» désigne toutes les opérations de construction, reconstruction, démolition, réparation ou rénovation de tout bâtiment ou ouvrage, y compris la préparation du chantier, les travaux de terrassement, l'installation d'équipements ou de matériels, la décoration et la finition dont la réalisation est confiée à une entreprise.

Un marché de travaux est un projet d'une opération de construction, il est généralement conçu et mené par un Maître d'œuvre (architecte, bureau d'études), pour le compte du client, appelé Maître d'ouvrage. Ces trois grandes fonctions sur lesquelles s'articule un projet ou une opération de construction ont donc pour nom : la Maîtrise d'œuvre, la Maîtrise d'ouvrage et la Réalisation l'opération de construction.

L'Entreprise responsable du marché, appelée « **Entreprise principale** » est le plus souvent, celle qui réalise le gros œuvre (construction de la structure) et elle sous-traite les autres corps d'État. Elle peut aussi être dénommée, « **Entreprise générale** », quand elle regroupe tous métiers on dit aussi qu'elle est « tout corps d'état ».

La construction peut aussi être effectuée par une ou plusieurs entreprises (on parle alors d'un "groupement d'entreprises"), responsable(s) du marché (contrat) de travaux. Les différents intervenants dans la construction sont identifiés par ce que l'on appelle les corps d'état :

- pour le bâtiment : électricité, carrelage, etc. ;
- pour les travaux publics : voirie, éclairage, réseaux d'eau (eau potable, tout-à-l'égout, eaux pluviales), réseaux « secs » (électricité, signalisation, etc.

Une opération de construction est à chaque fois unique. En effet, il ne s'agit pas d'un produit fini que l'on acquiert, mais d'un processus dans lequel un commanditaire (l'Autorité contractante ou le Maître d'ouvrage) commande un ouvrage sur mesure à des professionnels qui, parfois sans se connaître, au départ, vont être amenés à travailler ensemble.

Une « Opération de construction » désigne la valeur globale des travaux se rapportant à une même opération caractérisée par son unité fonctionnelle, technique ou économique, à mettre en œuvre dans une période de temps et un périmètre limité, que celle-ci peut comporter un ou plusieurs ouvrages.

4.1 ACTEURS DANS UNE OPÉRATION DE CONSTRUCTION.

Dans un projet de bâtiment ou de travaux publics, la construction est le fait d'assembler des éléments, des matériaux. Cette activité nécessite le concours de nombreux acteurs spécialisés.

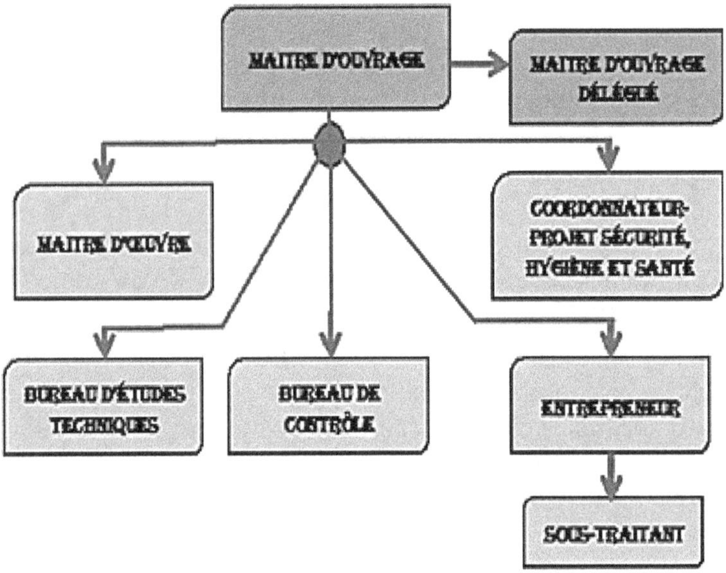

4.1.1 Le Maître d'ouvrage.

Le Maître d'ouvrage est la personne morale de droit public (État, collectivités territoriales) porteuse du besoin, définissant l'objectif du marché, son calendrier et le budget qui y est consacré. Il est souvent assimilé à l'Autorité contractante.

Un Maître d'ouvrage n'a pas toujours forcément les compétences techniques liées à la réalisation de l'ouvrage, cependant, du fait qu'il est le responsable de l'expression des besoins, il peut se faire assister.

Son rôle est donc de définir le programme de construction en fournissant tous les renseignements nécessaires à sa réalisation correcte suivant standards approuvés.

Le Maître d'ouvrage fixe les délais d'exécution et les fait respecter, et ne doit en aucun cas s'immiscer dans l'exécution des travaux, il veille cependant au bon déroulement de l'opération de construction et ordonne les paiements.

Le Maître d'ouvrage procède à la réception, une fois les travaux terminés. Le résultat attendu du marché de travaux est la réalisation d'un produit, appelé ouvrage.

4.1.2 La maîtrise d'ouvrage déléguée (MOD).

Lorsque le Maître d'ouvrage ne possède pas l'expérience nécessaire au pilotage d'une opération de construction, il peut faire appel à une Maîtrise d'Ouvrage Déléguée (dont la gestion de projet de construction est le métier).

Le Maître d'Ouvrage Délégué (MOD) est chargé de faire l'interface entre le Maître d'œuvre et le Maître d'ouvrage afin d'aider le Maître d'ouvrage à définir clairement ses besoins et de vérifier auprès du Maître d'œuvre si l'objectif est techniquement réalisable.

Le Maître d'Ouvrage Délégué ne se substitue pas pour autant au Maître d'Ouvrage et n'a donc pas de responsabilité directe avec le Maître d'œuvre. En faisant appel à un Maître d'Ouvrage Délégué, le Maître d'ouvrage lui confie ses pouvoirs par une convention de délégation qui en fixe les conditions.

4.1.3 L'Assistance à la maîtrise d'ouvrage (AMO).

Il ne faut pas confondre Maître d'Ouvrage Délégué et Assistant au Maître d'ouvrage. L'Assistant à la Maîtrise d'Ouvrage (AMO) ne représente pas le Maître d'ouvrage, c'est un spécialiste qui apporte ses compétences et conseils au Maître d'Ouvrage afin de lui permettre d'assumer correctement ses obligations. Cette assistance se fait essentiellement lors :

- De la définition de l'objectif du projet ;
- De la définition et la conception du projet ;
- Du suivi et la vérification de l'avancement du projet et le respect du cahier des charges,
- De la participation à la réception du projet pour en garantir la conformité.

L'Assistant à la Maîtrise d'Ouvrage est généralement lié par un contrat au Maître d'Ouvrage, mais ne peut l'engager à l'égard des autres intervenants. Il n'a pas de pouvoir de décision, il est sous la coupe de la Maîtrise d'ouvrage qui est le seul décideur.

4.1.4 Le Maître d'œuvre ou Responsable de la maîtrise d'œuvre (MOE)

Le Maître d'œuvre est l'entité ou l'expert retenu par le Maître d'ouvrage qui lui confie un certain nombre de missions comme : la conception techniquement l'ouvrage, la détermination des conditions et délais de réalisation, le niveau de qualité et les coûts estimatifs, le suivi de la réalisation des travaux et leurs réceptions. Ses prestations généralement font l'objet d'un marché de prestations de services spécifique avec le Maître d'ouvrage.

4.1.5 L'entreprise de travaux titulaire du marché.

L'Entreprise titulaire du marché public est :

- soit une **Entreprise de bâtiment** qui s'occupe de la construction ou de la réhabilitation ou l'aménagement de bâtiments existants ;
- soit une **Entreprise de Travaux publics** qui intervient dans la construction d'infrastructures comme des routes, autoroutes, voies ferrées, ponts, gazoducs, oléoducs, aménagements urbains, aménagements portuaires, etc.

L'Entreprise titulaire du marché public est présente avec ses équipes, placées sous l'autorité du Conducteur de Travaux. Celle-ci a pour mission de livrer l'ouvrage dans les délais et dans le budget impartis.

Tous les mois, l'Entreprise doit établir des états de situation qui lui sont dus ou des décomptes mensuels de travaux. A la fin des travaux, elle établit un mémoire ou un Projet de décompte final (PDF) comprenant le montant total des sommes auxquelles elle peut prétendre.

4.2 INTERVENTIONS DES ACTEURS DANS UNE OPÉRATION DE CONSTRUCTION

Un projet de construction nécessite, en plus des capacités techniques, un effort important de planification, afin de respecter les délais compte tenu de l'enveloppe financière fixée avec le maître d'ouvrage et le maître d'œuvre, de faire cohabiter différents corps d'État, d'assurer les approvisionnements au bon moment, etc.

Un bon cadrage de l'opération de construction par l'Autorité contractante ou le Maître d'ouvrage (et/ou les prestataires qui l'assistent) est indispensable pour la réussite d'une opération de construction. Lors de la réalisation, en dehors des entreprises qui doivent exécuter les travaux, il a été identifié plusieurs intervenants dans une opération de construction.

Outre les fonctions par l'Autorité contractante ou le Maître d'ouvrage ;

- le Maître d'œuvre (MOE) ;
- Le Maître d'Ouvrage Déléguée (MOD).
- l'Entreprise ou le titulaire du marché de travaux

Il est possible d'avoir : (i) un Coordonnateur -Projet sécurité, hygiène et santé (CP-SHS), (ii) un Bureau de contrôle et parfois (iv) des sous-traitants. Un choix judicieux des acteurs de l'opération est le gage de sa réussite. Pour gagner le meilleur profit dans une opération de construction, les relations entre les acteurs doivent être contractualisées.

4.2.1 Interventions du Maître d'œuvre (en amont du marché).

Le Maître d'œuvre intervient au niveau des études préliminaires. Il a un rôle de conseil et il accompagne l'Autorité contractante dans :

- l'analyse du programme proposé par le Maître d'ouvrage et la reconnaissance du terrain (ce qui ne comprend pas nécessairement l'analyse du sous-sol) ;
- l'établissement des esquisses et études préliminaires, l'avant-projet sommaire à partir des esquisses, en plan et en volume, la conception générale, les dimensions et l'aspect de l'ouvrage ainsi qu'une évaluation globale des coûts ;
- l'Avant-projet définitif sur la base de l'avant-projet sommaire, établissement d'un avant-projet définitif détaillant les aspects du programme et une estimation du coût des travaux ;
- l'élaboration du Dossier d'Appel d'offres notamment l'établissement des clauses techniques particulières,
- l'établissement du dossier de permis de construire (si l'ouvrage est soumis à dépôt d'un permis de construire) ;
- participation aux travaux de la Commission de passation des marchés pour le choix d'un Candidat qui sera ultérieurement chargé de l'exécution du marché.

4.2.2 Interventions du Maître d'œuvre dans l'exécution des travaux.

Lors de l'exécution des travaux, il doit diriger et contrôler leur bonne exécution. Il a en charge :

- la direction de l'exécution des travaux, la rédaction des ordres de service, la direction des réunions de chantier et l'établissement des procès-verbaux ;
- la vérification de l'état d'avancement des travaux, la vérification que les prestations réalisées par le titulaire du marché et ses sous-traitants sont conformes aux prescriptions techniques prévues au marché ;
- la comptabilité des travaux, la vérification des situations / décomptes mensuels établis par le titulaire et proposition au Maître d'ouvrage de paiement d'acomptes ; l'établissement du décompte final et de l'état du solde des travaux, avec analyse des mémoires et la proposition du règlement pour le solde ;
- il participe également à la réception des travaux exécutés.

4.2.3 Le Bureau d'études techniques.

Le Bureau d'études techniques intervient lorsque le Maître d'ouvrage fait appel directement à lui en qualité de BET associé ou non, au Maître d'œuvre. Sa mission dépend de ce que lui confie le contrat conclu avec le Maître d'ouvrage pour :

- étudier un élément précis du projet ou ;
- fournir des solutions concrètes sur un problème.

4.2.4 Le Coordinateur sécurité-hygiène et santé.

Personne physique ou morale chargée par le Maître d'ouvrage ou le maître d'œuvre du projet d'exécuter, pendant la réalisation de l'ouvrage, des prescriptions minimales de sécurité et de santé à mettre en œuvre sur les chantiers temporaires ou mobiles.

Le Coordinateur sécurité-hygiène et santé intervient à l'étape projet et au niveau de la réalisation. La présence du Coordinateur sécurité-hygiène et santé est obligatoire sur tout chantier de bâtiment et de génie civil.

La présence simultanée ou successive de plusieurs entreprises crée des risques pour les intervenants en matière de sécurité et santé au travail.

Le Coordinateur sécurité-hygiène et santé agit en vertu d'un contrat conclu avec le Maître d'ouvrage.

Si des instructions sont données directement à l'Entreprise, il serait prudent d'en référer au Maître d'œuvre avec copie le cas échéant au Maître d'ouvrage notamment en cas de conséquences sur les délais ou les coûts de construction.

La mission du Coordinateur sécurité-hygiène et santé commence pendant la phase-réalisation, elle consiste à :

- vérifier les principes généraux de prévention ;
- constituer un dossier d'intervention ultérieure sur l'ouvrage ;
- ouvrir un registre journal de la coordination ;
- suggérer l'utilisation de protections collectives ;
- établir et tenir le plan général de sécurité d'hygiène et de santé (PGSHS) ;
- présider le « collège » interentreprises de sécurité et de santé (CISHS).

4.2.5 L'architecte.

L'Architecte est souvent le principal interlocuteur du Maître d'œuvre. Il prend en charge les questions générales de conception : usage, grands choix techniques, forme. Le plus souvent, il coordonne le travail des autres bureaux d'études plus spécialisés. C'est lui qui fait la synthèse entre les contraintes techniques, contextuelles réglementaires, souvent contradictoires.

4.2.6 Les autres prestataires intellectuels.

4.2.6.1 Le Géomètre.

Le relevé topographique du site où devra être édifié un ouvrage requiert un savoir-faire technique ; pour le faire, le géomètre dispose d'instruments de mesures spécifiques qui lui permettent de situer précisément sur un plan tous les éléments d'un site extérieur (construit ou non) et leur altimétrie. Il fournit à la maîtrise d'ouvrage un plan topographique à partir duquel la maîtrise d'œuvre pourra situer son projet dans le site choisi.

4.2.6.2 Responsable pilotage coordination

Pour certaines opérations, une mission d'Ordonnancement pilotage coordination (OPC) est rajoutée à celle de maîtrise d'œuvre. Elle est souvent assurée par le maître d'œuvre. Il s'agit de gérer de façon plus précise les questions de délais et d'organisation entre les entreprises en phase chantier. L'Ordonnancement pilotage coordination est important si les délais sont courts ou les conditions d'organisation du chantier compliquées.

4.2.6.3 Le Contrôleur technique.

Le contrôleur technique est indépendant de la maîtrise d'œuvre.

Il doit vérifier si les ouvrages réalisés sont conformes à la réglementation qui s'applique ; et donner des avis au Maître d'ouvrage sur les problèmes techniques susceptibles d'être rencontrés dans la réalisation de l'ouvrage.

Sur les opérations de réhabilitation, il a parfois un rôle de diagnostic ou d'expertise avant les études.

Il répond aux questions sur la réglementation et rédige un rapport à la maîtrise d'ouvrage pendant la conception pour indiquer si la proposition de la maîtrise d'œuvre est conforme.

Il rédige certains documents administratifs pour le compte du Maître d'ouvrage, notamment, en ce qui concerne (la sécurité, l'incendie, l'accessibilité), et dresse des attestations réglementaires.

4.2.6.4 Les sous-traitants.

Pour la réalisation de certaines tâches du projet de construction, lorsqu'elle ne possède pas en interne les ressources nécessaires, l'Entreprise titulaire du marché, avec l'accord préalable du Maître d'ouvrage sous le guidage éclairé du Maître d'ouvrage délégué ou du Maître d'œuvre, peut faire appel à une ou plusieurs entreprises externes, on parle alors de **sous-traitance** (et chaque entreprise est appelée *sous-traitant*).

Chaque sous-traitant réalise un sous-ensemble du projet directement avec l'Entreprise titulaire du marché, mais n'a aucune responsabilité directe avec la Maîtrise d'ouvrage, même si celle-ci et ses mandataires ont un « *droit de regard* » sur sa façon de travailler. L'entreprise sous-traitante n'est pas liée contractuellement au Maître d'ouvrage, elle est liée à l'Entreprise titulaire du marché qui lui sous-traite une partie des travaux.

4.2.7 Distinction des rôles, entre Maître d'ouvrage, Maître d'œuvre et titulaire du marché public.

La distinction entre Maître d'ouvrage, Maître d'œuvre et Entreprise titulaire du marché public est essentielle dans le déroulement du projet, car elle permet de distinguer les responsabilités de chaque entité.

Un contrat lie le Maître d'ouvrage et l'Entreprise du bâtiment.

Aucun contrat ne lie le Maître d'œuvre et l'**Entreprise** du bâtiment.

Ainsi la définition des besoins reste sous l'entière responsabilité de la Maîtrise d'ouvrage. En effet, il arrive dans certains cas que la Maîtrise d'ouvrage délègue à la Maîtrise d'œuvre des choix d'ordre fonctionnel sous prétexte d'une insuffisance de connaissances techniques.

ROLES ENTRE MAITRE D'OUVRAGE, MAITRE D'ŒUVRE ET ENTREPRENEUR

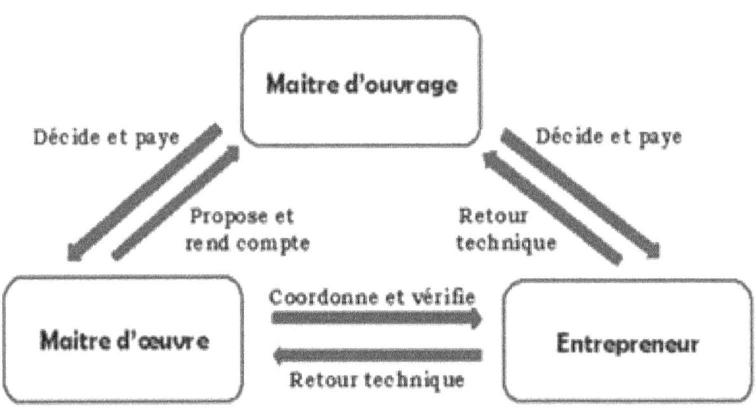

Or seul le Maître d'ouvrage est en mesure de connaître le besoin de ses utilisateurs. Une mauvaise connaissance des rôles des deux entités risque ainsi de conduire à des conflits dans lesquels chacun rejette la faute sur l'autre. D'autre part, s'il est vrai que le Maître d'œuvre doit prendre en compte les exigences du Maître d'ouvrage, il n'est pas habilité à ajouter de nouvelles fonctionnalités au projet même si cela lui semble opportun.

4.2.8 Communication entre Maîtrise d'œuvre et Maîtrise d'ouvrage.

Pour le bon déroulement d'un projet de construction, il est nécessaire de définir clairement les rôles de chaque entité et d'identifier au sein de la maîtrise d'ouvrage et de la Maîtrise d'œuvre un représentant.

Il est essentiel d'établir un plan permettant au maître d'œuvre et au Maître d'ouvrage d'avoir un langage commun et de s'entendre sur une méthode de conduite de projet, de conduite d'entretiens ou de réunions.

4.3 LES DIFFÉRENTS ÉLÉMENTS D'UNE OPÉRATION DE CONSTRUCTION

4.3.1 Les corps d'état.

Il y a plusieurs types d'entreprises du bâtiment : certaines sont spécialisées sur un métier ou « corps d'état » (maçonnerie, peinture, carrelage, électricité, plomberie, étanchéité), d'autres (souvent de plus grosse taille) regroupent plusieurs métiers pour former une entreprise générale (on dit qu'elles sont « tout corps d'état»).

4.3.2 Les lots.

Les lots sont un ensemble de prestations homogènes ou complémentaires qui sont confiées à une entreprise à travers un contrat. Le plus souvent, les lots correspondent à des métiers ou à des compétences. Ils peuvent correspondre à un décalage de réalisation (si par exemple, l'opération est réalisée en plusieurs phases) ou à des parties différentes de l'ouvrage. Il est possible de confier plusieurs lots différents à une entreprise.

4.3.3 Les corps d'état les plus courants.

4.3.4 La Voirie et les réseaux divers (VRD).

La Voirie et les réseaux divers concerne : la voirie (routes, chaussées, bordures, trottoirs, etc.) et les réseaux divers (réseaux d'assainissement, réseaux d'adduction d'eau potable, éclairage public, etc.). Les entreprises spécialisées dans ces métiers sont impliqués dès qu'il est question de réseaux extérieurs. Ils sont souvent présents dans le traitement des abords des bâtiments.

4.3.4.1 Le Terrassement.

Le terrassement consiste en des déplacements de quantités importantes de sols dans divers buts : creuser un parking, réaliser des fondations, modifier le relief, etc. Il comprend aussi le stockage des sols déplacés.

4.3.4.2 Le gros œuvre.

Le gros œuvre est l'ensemble des ouvrages qui concourent à la solidité, à la stabilité de l'édifice (fondations, élévation des murs, poteaux, planchers, charpentes, etc.). Le gros œuvre se complète du second œuvre qui est constitué de tous les autres ouvrages qui s'y appuient.

4.3.4.3 La Maçonnerie.

La maçonnerie est l'assemblage de matériaux élémentaires, mis ensemble de manière non réversible (avec un liant). Elle comprend aussi les enduits extérieurs sur le support maçonné.

4.3.4.4 L'Étanchéité.

L'étanchéité se rapporte à l'ensemble de techniques destinées à empêcher toute infiltration d'eau par des revêtements souples ou liquides. Cela nécessite l'application de membranes ou matériaux liquides (polymères, bitumes) sur les toitures et terrasses des bâtiments, certaines parties des fondations, etc.

4.3.4.5 La Menuiserie en bois, métallique ou en aluminium.

La menuiserie se rapporte à la construction d'éléments de taille relativement petite par assemblage de diverses pièces de bois, de métal ou d'aluminium.

4.3.4.6 La Serrurerie-métallerie.

La Serrurerie-métallerie concerne la construction d'éléments de petite taille à partir de barres ou de profilés d'acier, d'aluminium, d'acier inoxydable.

4.3.4.7 La Plâtrerie / cloisons sèches / l'isolation.

La Plâtrerie, les cloisons sèches et l'isolation concernent la construction ou la pose d'éléments de séparation, d'agencement ou d'isolation du bâtiment qui ne participent pas à la stabilité de l'édifice. Ils sont souvent en plâtre ou isolants, ou en bois ou en éléments maçonnés (carreaux de plâtre).

4.3.4.8 L'électricité.

Les travaux d'électricité concernent la mise en place du réseau d'alimentation électrique du bâtiment.

4.3.4.9 La Plomberie.

La plomberie concerne la mise en place des réseaux d'alimentation et d'évacuation en eau. Parfois, une partie de la conception du réseau est assurée par le plombier.

4.3.4.10 La Ventilation/Climatisation.

La ventilation concerne la mise en place des réseaux d'alimentation et d'évacuation en air du bâtiment.

4.3.4.11 Les carrelages/ les faïences/ les sols durs.

Cette rubrique concerne la pose de revêtement de sol dur, de carreaux collés ou scellés.

4.3.4.12 Les sols souples.

Les sols souples sont les travaux de pose de revêtement de sol souple (moquette, PVC), le plus souvent collé.

4.3.4.13 La Peinture.

La peinture concerne la finition et la protection des éléments de construction au moyen d'un enduit et/ou d'un liquide glycérophtalique couvrant. La peinture intervient en général en fin de chantier.

4.4 LES ÉTAPES DE LA CONSTRUCTION DE BÂTIMENTS.

4.4.1 Les autorisations préalables.

Diverses structures de l'Administration et les autres structures publiques délivrent les autorisations ou avis sur un projet de construction de bâtiment, il s'agit des structures administratives qui s'occupent :

- d'urbanisme ou de construction ; d'aménagement du territoire et de contrôle de l'occupation du sol ;
- le maître d'œuvre ou l'Agent voyer de la commune ;
- les agences et structures en la Construction pour les projets situés dans le périmètre de protection d'un monument classé.

Quand interviennent-elles ? Essentiellement au moment de la demande du permis de construire, lors de litiges entre promoteurs et riverains.

Ce qu'elles doivent réaliser. Un rapport faisant apparaître les raisons de la conformité ou non-conformité du projet de construction par rapport aux règlements de l'Administration.

4.4.2 L'ordonnancement pilotage coordination (OPC).

Groupe de pilotage du chantier, a pour mission de définir l'ordonnancement de l'opération et de coordonner les différentes interventions afin de garantir les délais d'exécution et la parfaite organisation du chantier.

Quand intervient-il ? Il intervient en "phase chantier", le phasage du chantier étant l'ordre d'intervention de chaque corps de métier.

Ce qu'il doit réaliser. Un rapport assurant le bon déroulement du projet dans son intégralité, à la suite de réunions régulièrement organisées (au moins une fois par semaine) pour faire le bilan des travaux et organiser la suite du chantier.

4.4.3 Le Permis de construire (PC).

La demande de permis de construire est obligatoire dès que la construction présente certaines caractéristiques.

Le dossier comprend un formulaire administratif de demande de permis de construire, une copie de la situation du site délivrée par les services du cadastre, un plan masse et le plan des façades.

Le permis, formel ou tacite, doit être affiché sur le lieu du chantier de façon à être visible de la voie publique, pour une durée minimale obligatoire de deux mois et pendant toute la durée des travaux.

- **Les Intervenants** sont: le Maître d'ouvrage, les différents organismes de contrôle, les usagers et riverains, l'équipe de maîtrise d'œuvre. La Production attendue composée des documents graphiques :
    - le plan masse, le plan de niveau, les coupes, la façade à l'échelle 1/100, le dossier paysage (perspective, coupes…).
    - **les pièces écrites :** Une notice descriptive architecturale (aspect général, respect de la réglementation, insertion dans le site) tableau des surfaces.

4.4.4 La préparation du chantier.

La préparation de chantier est une période «clé», située à la charnière de la conclusion du contrat et de l'exécution des travaux.

La période de préparation doit être incluse dans le délai d'exécution et elle a une durée d'au moins 2 mois.

4.4.5 <u>L'approbation du Plan de béton armé.</u>

L'Entreprise titulaire du marché public doit présenter, un programme d'exécution des travaux accompagné, si besoin est, du projet d'installation de chantier et des ouvrages provisoires ainsi que du plan de béton armé qui doit être soumis à des bureaux de contrôle comme « Veritas » ou « Alpages », etc.

Un soin particulier doit être réservé au suivi de l'approbation du plan de béton armé pour les marchés de travaux de bâtiments. Aucune implantation ne peut se faire sans que le plan de béton armé ne soit approuvé par les bureaux de contrôle.

La plupart du temps, le délai d'approbation du plan béton armé n'est pas pris en compte dans la détermination de la durée des travaux, ce qui expose les entreprises, sans qu'ils en soient responsables, à des dépassements de délais d'exécution du marché.

4.4.6 <u>Les Voiries et réseaux divers (VRD).</u>

Dès que le projet de l'ouvrage est définitif, et que les marchés attribués, en attendant les ordres de services qui devront être suivis de la mobilisation pour le démarrage des chantiers.

Il est possible de mettre à profit cette période transitoire pour établir le Plan général de sécurité, d'hygiène et de santé (PGSHS) dont les contours avaient déjà esquissé par le Coordonnateur-Projet sécurité, hygiène et santé (CP-SHS) lors de la préparation de la Mise en de la concurrence. La préparation du chantier consiste à :

- installer les locaux pour les ouvriers et pour les réunions de chantier,
- le protéger avec l'installation de palissades en zinc ou en « crinting »,
- réaliser des accès pour les véhicules et mettre en place le panneau de chantier, faire les tranchées pour le passage des réseaux pour les liaisons électriques, l'alimentation en eau et l'évacuation des eaux usées (VRD).

<u>Les Intervenants sont</u> : Coordonnateur-Projet sécurité, hygiène et santé (CP-SHS), le chef de chantier, le Géomètre, l'Entreprise de gros œuvre, etc.

La Production attendue comprend :

- le panneau de chantier (qui doit informer sur la nature des travaux, le Maître d'ouvrage...).
- la Mise en place du chantier et des réseaux.

4.4.7 Les Fondations et gros œuvres (GO).

Les fondations comprennent l'ensemble des ouvrages enterrés qui composent la stabilité de la construction et permettent de porter la construction sans aucun risque de déplacement vertical (enfoncement) ou latéral (pression des terres, glissement de pentes).

Le gros-œuvre, quant à lui, est l'ensemble des gros murs, poteaux, planchers, charpentes, qui composent l'ossature (structure portante) du bâtiment et assure la solidité et la stabilité de l'édifice.

- **Les Intervenants :** l'Architecte, le chef de chantier, le terrassier, l'Entreprise de gros œuvre, etc. La Production attendue est :
  - les fondations, l'ossature de l'ouvrage ;
  - l'arpentage des murs et les planchers, en laissant des vides pour les gaines et les tuyauteries, les cages d'ascenseur, les escaliers.

4.4.8 Le clos et le couvert.

Le clos c'est l'enveloppe extérieure (l'étanchéité, les menuiseries extérieures, l'habillage des façades…).

- **Les Intervenants sont :** l'Architecte, le chef de chantier, l'Entreprise de gros œuvre, le charpentier, le couvreur ou le terrassier. La production attendue ; les façades et la toiture.

4.4.9 Le Second œuvre et les finitions.

Le Second œuvre est constitué par l'ensemble des travaux exécutés pour achever l'ouvrage, comme l'habillage, le décor, et la finition du bâtiment.

- **Les Intervenants sont :** l'Architecte, le chef de chantier, le plâtrier, l'électricien ; le plombier, le carreleur, le peintre, etc. La Production attendue est :
  - **l'organisation intérieure** : qui consiste à monter les doublages des murs, les cloisons et les faux plafonds, les portes, la Pose des revêtements de sols, de murs et de plafonds. Elle concerne aussi la mise en place de tous les appareils électriques et appareils sanitaires ;
  - **la réalisation des abords du bâtiment**, faire les plantations, mettre en place les luminaires ;
  - **le nettoyage des déblais et gravats.**

4.4.10 La réception des travaux.

La réception est l'acte par lequel le Maître d'ouvrage reconnaît, que les travaux ont été exécutés conformément aux contrats d'entreprises, que leur mise en œuvre est conforme aux règles de l'art et à leur destination. Elle se fait en deux étapes : une réception provisoire et une réception définitive. Une réception peut être prononcée avec ou sans réserve.

Lorsque la réception est accompagnée d'une « liste de réserves », le Maître d'ouvrage ne libère pas la retenue de garantie, de (5¨%) constituée lors du paiement, des différents décomptes.

L'Entreprise titulaire du marché public sous la supervision du maître d'œuvre est tenue de réparer ou de lever les réserves dans un délai imparti.

La levée des réserves assortie de la réception définitive est le point de départ des garanties telles que, la garantie décennale.

- **Les Intervenants :** Le Maître d'œuvre, Le Maître d'ouvrage, les usagers qui vont prendre possession de l'ouvrage.

**** ***

CHAPITRE V

EXÉCUTION DES MARCHÉS DE TRAVAUX

L'exécution des marchés de fournitures et de services physiques ne demande généralement pas une intervention de la part de l'Autorité contractante ou Maître d'ouvrage. Cette dernière intervient généralement lors de la réception.

Pour les marchés de travaux, le rôle du Maître d'ouvrage est, de tout premier ordre. Sans son implication, notamment pour les marchés de travaux de bâtiments, il est difficile au titulaire de marché de démarrer une quelconque action.

Les marchés de travaux sont, pour l'essentiel, des travaux de bâtiments et des travaux publics. Les travaux de bâtiments consistent en la démolition, la construction ou la reconstruction de bâtiments pour le sport ou à usage de logements, de bureaux ou de magasin.

Les travaux publics consistent en la construction d'infrastructures généralement destinées au transport. Ces chantiers sont le plus souvent menés avec de grandes entreprises à qui l'État confie une mission de service public.

On peut citer comme exemple de chantiers de travaux publics : routes, autoroutes, parkings, voies ferrées, ponts, gazoducs, oléoducs, aménagements urbains, aménagement d'une place publique, enterrement de lignes électriques et téléphoniques, lignes électriques comme pour le train express régional, aménagements portuaires, constructions hydrauliques : barrages, digues, châteaux d'eau, etc.

Ces aménagements sont soumis à une réglementation importante, dans le but de préserver l'intérêt des populations, leur sécurité, et de limiter les impacts négatifs sur l'environnement.

Il sera examiné dans cet ouvrage le cas des travaux de bâtiments.

5.1 PRÉALABLES AUX TRAVAUX DE BÂTIMENT.

5.1.1 Permis de construire et autres autorisations administratives.

L'autorisation de construire ou "permis de construire" vise la garantie et le respect de normes urbanistiques et architecturales.

Le permis de construire est exigé pour les travaux neufs de construction, la réalisation de clôtures d'une hauteur dépassant deux (2) mètres.

Sont aussi concernées, les modifications extérieures apportées aux constructions existantes, les reprises de gros œuvres, les surélévations et les travaux entraînant une modification importante de la distribution intérieure des bâtiments existants.

Le permis de construire concerne tous les travaux, quel que soit l'usage (bureaux, habitation ou autre) du bâtiment. Les structures de l'Administration n'en sont pas exonérées, les Autorités contractantes sont tenues avant le commencement des travaux de disposer d'un permis de construire pour les édifices envisagés.

Le Permis de construire est généralement à renouveler si les travaux ne sont pas exécutés au bout d'un certain nombre d'années (3 ans).

5.1.1.1 Qui demande une autorisation de construire ?

La demande de permis de construire doit être initiée par l'Autorité contractante responsable du point de vue administratif du lieu d'implantation du projet ou par une personne dûment mandatée.

Pour les travaux effectués sur des bâtiments publics, il incombe au Maître d'œuvre de mener les démarches et de conseiller l'Autorité contractante pour l'obtention des autorisations administratives comme le permis de construire, les autorisations d'occupation et les permissions relatives à la voirie.

5.1.1.2 Quoi fournir pour le permis de construire ?

La demande d'obtention de permis de construire est adressée au Responsable de collectivité territoriale du lieu d'implantation du projet de construction :

- une demande manuscrite adressée au Maire de la commune territorialement compétente ;
- une copie du titre de propriété (titre foncier, permis d'occuper, attestation, bail ou droit de superficie) ;
- un plan de situation et de délimitation du terrain d'assiette du projet (c'est à dire sur lequel figure l'emplacement destiné à recevoir la construction) ; ce plan doit être certifié exact par le service du Cadastre
- cinq 5 jeux de plan de construction architectural (situation, masse, plan, coupe, façade) à l'échelle de 1/100e ;
- une fiche de renseignements portant sur le projet de construction ;
- un devis descriptif du projet ;
- un plan de fosses septiques ou indiquer le système d'évacuation à l'égout s'il existe.

Le dossier de demande est assujetti à une taxe d'urbanisme. Le coût total pouvant varier suivant les localités.

5.1.2 Les différentes phases d'un marché de travaux

Les différentes phases d'un marché de travaux sont :

- la préparation la mobilisation et l'installation du chantier ;
- la phase de travaux et ;
- la fin des travaux.

Différentes vérifications importantes sont à faire pour éviter des poursuites pénales ainsi que les conséquences d'une interruption des travaux ou d'une démolition de la construction. Il faut instruire et suivre un dossier de demande du permis de construire.

Une fois le "permis de construire obtenu", il faut le mettre en exerce sur le chantier, le numéro du permis et l'année de délivrance. La publicité du permis de construire sur le terrain qui doit être et demeurer visible pendant la durée totale du chantier.

La validité du permis de construire si la construction n'a pas débuté est périmée dans les deux ans à compter de la décision d'accorder le permis.

5.1.3 La préparation du chantier.

La préparation de chantier consiste à définir tout ce qu'il va falloir faire sur le chantier conformément au marché approuvé :

- les moyens en hommes : les équipes combien de personnes, quelles qualifications, et pendant combien de temps ;...
- les moyens en matériel : combien d'engins, de quels types, comment concevoir leur implantation sur le chantier ;
- le cas échéant, les parties confiées à des sous-traitants
- les plannings : qui intervient, quel moment, et comment les différentes tâches s'organisent les unes par rapport aux autres.

Il s'agit de constituer les équipes, et de nommer les responsables et les collaborateurs. Derrière les titres, des noms et chacun va prendre sa mission. Parallèlement sont implantés les matériels, les équipements sanitaires et de sécurité.

La préparation de chantier est une période « clé », elle est le point de jonction entre la constitution des documents nécessaires à la réalisation des ouvrages et l'exécution proprement dite des travaux. Elle est aussi appelée période de mobilisation, elle court à compter de de la notification de l'entrée en vigueur du marché, il est généralement accordé un délai en fonction des besoins de ravitaillement du chantier et de la mobilisation des équipes avant l'exécution proprement dite des travaux.

Le Maître d'ouvrage et l'Entreprise titulaire du marché public ont à communiquer et à prendre certaines dispositions préparatoires ; le chantier peut être découpé en phases. Les phases sont très différentes d'un ouvrage à l'autre.

C'est le moment de mettre certains documents nécessaires à la réalisation des ouvrages, cette période dont la durée est fixée dans le Cahier des clauses administratives particulières (CCAP), est incluse dans le délai d'exécution, sa durée peut aller jusqu'à 2 mois.

Les communications et informations au cours de l'exécution du marché se font par écrit et ne doivent être ni refusées ni retardées, abusivement.

5.1.4 Communications et informations au cours de l'exécution du marché.

Le titulaire est tenu de remettre, à l'Autorité contractante, tous les documents relatifs au contrat qu'il aurait en sa possession, si cette dernière en fait la demande. Par ailleurs, l'Autorité contractante met à la disposition du cocontractant toute information utile au contrat que celui-ci peut raisonnablement, demander.

Dans tous les cas, le contenu des documents, ainsi que toutes les informations échangées dans le cadre de l'exécution du contrat sont réputées confidentielles et ne peuvent être divulguées, sans autorisation préalable des parties.

Dans le cadre de l'exécution du marché, les instructions de l'Autorité contractante sont notifiées au titulaire du marché par ordre de service.

Pour les marchés de travaux, les ordres de service sont signés par le Maître d'œuvre, pour les marchés de fournitures et équipements, le gestionnaire de crédits, pour les prestations intellectuelles, le coordinateur de la mission.

Lorsque l'ordre de service entraîne des coûts supplémentaires, l'accord de l'Autorité contractante est requis. Cet accord est matérialisé par un avenant. Le début des travaux est donc assujetti à la remise d'un ordre de service signé du Maître d'ouvrage, du maître d'œuvre et contresigné par le titulaire.

5.1.4.1 Qu'est-ce qu'un ordre de service (OS) ?

Dans un marché de travaux, un ordre de service (OS) est un acte **du Maître d'ouvrage** ou du maître d'œuvre notifiant une décision au titulaire du marché.

La notion d'ordre de service est une notion formelle. Un ordre de service est écrit, signé et numéroté, il en est accusé-réception.

Au sens du Cahier des clauses administratives générales (CCAG) du Dossier type-travaux ; cela signifie toute instruction écrite donnée par le Maître d'ouvrage le Maître d'œuvre ou le Maître d'ouvrage délégué, à l'Entreprise titulaire du marché public concernant son exécution.

En effet, le Maître d'ouvrage (ou le Maître d'œuvre) utilise des ordres de service pendant toute l'exécution du marché et plus précisément, toutes les fois où le besoin de communiquer avec l'Entreprise titulaire du marché public se fait sentir.

Il peut ainsi utiliser l'ordre de service pour exiger la présence davantage d'ouvriers, pour définir des conditions d'exécution, pour augmenter ou diminuer les prestations prévues ou pour un rappel du respect des obligations contractuelles.

Dans le cadre d'un marché de cotraitance, les ordres de service sont adressés au mandataire du groupement, qui seul a la compétence pour formuler des observations.

L'ordre de service est donc, la décision du Maître d'œuvre, du Maître d'ouvrage délégué, ou du Maître d'ouvrage qui précise les modalités d'exécution, de tout ou partie, des prestations, objets du marché.

Ainsi, dans l'absolu, un ordre de service peut ordonner de commencer des travaux, modifier des prestations, exiger la production de documents, porter diverses injonctions (accélérer le rythme d'exécution des travaux).

Il traduit, sur le chantier les obligations souscrites par l'Entreprise titulaire du marché public dans le cadre du marché, il s'impose à elle et elle doit s'y conformer, mais, il a la possibilité de présenter des réserves.

L'Entreprise titulaire du marché public se conforme strictement aux ordres de service qui lui sont notifiés, qu'ils aient ou non fait l'objet de réserves de sa part. Elle doit exécuter fidèlement les plans, les devis descriptifs/ quantitatifs, les ordres de services établis par l'Autorité contractante ou le Maître d'œuvre.

Seule face au Maître d'ouvrage, l'Entreprise titulaire du marché public ou titulaire du marché doit respecter les prescriptions contractuelles. Elle engage sa responsabilité s'il y apporte des modifications unilatérales ou modifie un matériau ou un élément de construction par un autre, et ce, même si la modification est demandée par le Maître d'ouvrage, car il pèse sur lui une obligation de conseil qui doit l'amener à faire des réserves.

Le titulaire se trouve placé sous l'autorité hiérarchique du maître d'œuvre, il s'agit d'une hiérarchie à la fois technique et juridique, à ce titre, il est tenu de se conformer à ses instructions techniques. Les ordres de services que le Maître d'œuvre adresse à l'Entreprise pour le compte du Maître d'ouvrage concrétisent cette supériorité hiérarchique du Maître d'œuvre.

5.1.4.2 Documents produits par le titulaire du marché

L'Entreprise titulaire du marché public, sauf dispositions contraires du marché, établit d'après les pièces contractuelles, les documents nécessaires à la réalisation des ouvrages, tels que les plans d'exécution, notes de calculs, études de détail.

A cet effet, elle fait sur place tous les relevés nécessaires et demeure responsable des conséquences de toute erreur de mesure. Elle doit, suivant le cas, établir, vérifier ou compléter les calculs notamment en ce qui concerne la stabilité et la résistance des travaux et ouvrages. S'il détecte une erreur dans les documents de base fournis par le Maître d'œuvre ; il doit le signaler immédiatement par écrit au Maître d'œuvre.

Les plans, notes de calculs, études de détail et autres documents établis par les soins ou à la diligence de l'Entreprise titulaire du marché public sont soumis à l'approbation du Maître d'œuvre, celui-ci pouvant demander la présentation des avant-métrés.

Toutefois, si le marché le prévoit, tout ou partie des documents énumérés ci-dessus ne sont soumis qu'au visa du Maître d'œuvre. Si le marché prévoit que le Maître d'ouvrage ou le Maître d'œuvre fournissent à l'Entreprise titulaire du marché public des documents nécessaires à la réalisation des ouvrages, la responsabilité de l'Entreprise titulaire du marché public n'est pas engagée sur la teneur de ces documents.

Toutefois, l'Entreprise titulaire du marché public a l'obligation de vérifier, avant toute exécution, que ces documents ne contiennent pas d'erreurs, omissions ou contradictions qui sont normalement décelables par un homme de l'art ; si elle relève des erreurs, omissions ou contradictions, elle doit les signaler immédiatement au Maître d'œuvre par écrit.

5.1.4.3 La « check-list » de préparation de chantier.

Quelle que soit la forme que prendra la « check-list » de préparation du chantier, celle-ci indiquera et en premier lieu le nom, les qualités et les coordonnées de la personne, qui représente l'Entreprise titulaire du marché public, auprès du Maître d'ouvrage ou de son représentant (Maître d'œuvre) pour, tout ce qui concerne l'exécution du marché.

Ces renseignements doivent aussi figurer dans le P.P.S.H.S. La personne ainsi désignée devra établir un « check-list » ou tableau de bord, qui pourra préciser les délais et moyens mis en place pour atteindre les objectifs du marché. L'Entreprise titulaire du marché public devra avoir à sa disposition les documents contractuels et autres informations sur la conduite des travaux :

1. **Les documents de marché notifiés :**

   - acte d'engagement ;
   - CCAP et CCTP ;
   - détail estimatif et bordereau de prix ;
   - le plan général de coordination (PGC) ;

2. **Prise de connaissance du chantier :**

   - visite des lieux ;
   - liste des intervenants du chantier : nom, qualités, coordonnées ;
   - Annonce de l'**intention** de **dé**marrer les travaux (AIDE-tr) et réponses des exploitants.

3. **Prise de connaissance des divers intervenants**

   - maître d'œuvre pour récupération de tout élément complémentaire non joint au marché ;
   - cotraitants, sous-traitants, fournisseurs ;
   - Coordonnateur-Réalisation sécurité hygiène santé (CR-SPS) pour optimisation élaboration du PPSHS.

4. **Établissement des plans de sécurité et de qualité**

   - du Plan particulier de sécurité de l'hygiène et de la santé (PPSHS) ;
   - du Plan de respect de l'environnement (PRE) avec :
     - l'organigramme du chantier ;
     - les délégations de pouvoirs ;
     - les plans des installations, de circulation et de secours du chantier,
     - l'évaluation des risques,
     - l'évaluation des impacts environnementaux.

5.2 PLAN SECURITE, HYGIENE ET SANTÉ.

En attendant l'approbation des plans de béton et autres documents administratifs, il est possible de mettre à profit cette période transitoire pour établir le Plan général de sécurité, d'hygiène et de santé (PGSHS) dont les contours avaient déjà esquissé par le Coordonnateur-Projet sécurité, hygiène et santé (CP-SHS).

Le relais sera pris au sein de cette équipe par le Coordonnateur-réalisation sécurité, hygiène et santé (CR-SHS) qui devra à son tour répondre du respect des accords conclus durant la phase de projet et de ceux qui devront encore être conclus durant la phase de réalisation. Dans la pratique, cela revient à dire que le Plan général de sécurité, d'hygiène et de santé existant doit être développé et parachevé. Il ne pouvait être à terme à la fin de la phase de l'approbation du marché, car de nombreuses facettes de la réalisation étaient encore inconnues.

5.2.1 Établissement du PGSHS.

Le PGSHS comprend un ensemble d'éléments qui exercent une influence sur la sécurité des travailleurs sur le lieu de travail et qui doivent être connus avant que les entreprises titulaires ne commencent leurs activités.

Il reprend les prescriptions et les prestations à prévoir par toutes les structures sur chantier, y compris les sous-traitants. Il constitue un document de référence se composant de renseignements généraux et spécifiques utiles à toutes les entreprises concernées par le projet. Le PGSHS comprend les points suivants :

- une liste des intervenants participant à la maîtrise d'œuvre et au chantier, détaillant leurs fonctions et relations contractuelles ;
- une liste numéros utiles pour les urgences (hôpitaux ...).
- la liste des risques spéciaux et leurs analyses issues de travaux ou de situations analogues ou similaires, et les mesures préventives à prendre ;
- le plan d'organisation générale du chantier (clôtures, sanitaires, tableaux électriques, éclairage) ;
- l'organisation entre les intervenants du chantier, le planning et les risques de co-activités (lutte incendie, premiers secours, déchets, nettoyage), le règlement de chantier (visiteurs, badges) ;
- la liste des matériaux et substances dangereux, inflammables ou toxiques avec les fiches de sécurité et de toxicologie et leur localisation, les permis pour faire du feu, l'usage de l'alcool.

Dès lors que le (s) titulaire (s) de marché(s) ont été identifiés, le PGSHS est complété par les renseignements issus des plans particuliers de sécurité, d'hygiène et de santé (PPSHS.) des différentes entreprises devant intervenir sur le chantier et par toute nouveauté issue de nouvelles conceptions ou de l'organisation.

Le Coordonnateur-réalisation-sécurité-hygiène et santé (CR-SHS) préside les réunions du collège interentreprises de sécurité et de santé (CISHS), afin de permettre à chaque entreprise d'effectuer sa mission dans les meilleures conditions en respectant les règles d'hygiène, de sécurité.

Le Plan général de sécurité, d'hygiène et de santé (PGSHS) a pour objet de faire connaître aux entreprises un certain nombre de dispositions prises dans l'intérêt de tous. Ce plan de sécurité doit contribuer à la garantie de la sécurité, la santé et le bien-être de tous.

Chaque entreprise intervenant au chantier devra transmettre une copie du Plan général de sécurité, d'hygiène et de santé (PGSHS) consensuel à chacun de ses sous-traitants avant le début de leurs interventions.

Toute entreprise titulaire du marché public ou sous-traitant de marchés reste responsable de la sécurité de son personnel.

La présence du Coordonnateur-réalisation, sécurité, hygiène et santé (CR-SHS) ne dispense ni les employeurs, ni les employés, ni les indépendants de leur responsabilité en matière de prévention de tous les risques professionnels relatifs à leurs activités sur le chantier.

5.2.2 Cadre de gestion du Plan général de sécurité, d'hygiène et de santé (PGSHS).

Le cadre de gestion du Plan général de sécurité, d'hygiène et de santé (PGSHS) donne un aperçu de la surveillance du chantier et des interactions qui peuvent s'y développer.

Toute entreprise titulaire de marché public, et tout sous-traitant, doit veiller elle-même à renseigner et informer son personnel, ses fournisseurs et visiteurs des risques et des mesures à prendre et qui sont en vigueur sur le chantier, et les obliger à les respecter.

CADRE GESTION SECURITÉ-HYGIENE ET SANTÉ SUR LE CHANTIER
Application du plan général de sécurité d'hygiène et de santé (PGSHS)
****** *****

1 LES OBLIGATIONS ADMINISTRATIVES DES ENTREPRISES

1.1 Base légale pour exercer en tant qu'entreprise de l'UE MOA.
1.2 Base légale pour exercer en tant qu'entreprise étrangère
1.3 L'identification de chaque travailleur.

2 PLANNING GLOBAL DES TRAVAUX.

2.1 Les Plans particuliers de sécurité, d'hygiène et de santé (PPSHS)
2.2 Agrégation des PPSHS
2.3 Les données de sécurité sur les chantiers

3 L'ACCÈS AUX DIFFÉRENTES ZONES DES CHANTIERS

3.1 La Demande d'accès au chantier.
3.2 Responsabilité des entreprises en matière de sécurité sur les chantiers
3.3 Présence des obligations des sous-traitants
3.4 Les réunions de coordination et visites d'inspection.

4 ORGANISATION DU CHANTIER

4.1 Installation de chantier et état des lieux.
4.2 Identification des impétrants et mesures de prévention
- **4.2.1** Plan d'installation du chantier
- **4.2.2** Installation de grues et stabilité du sol
- **4.2.3** *Équipements communs de chantier à prévoir*
- **4.2.4** *Repérage des divers réseaux*
  - **a.** Installations et équipements électriques sur les chantiers
    - a) Sécurité à proximité des lignes et câbles électriques
    - b) Sécurité électrique et travaux de terrassement et de forage
    - c) Sécurité électrique et travaux de construction et de génie civil
    - d) Les installations téléphoniques
  - **b.** L'approvisionnement du chantier en eau, les installations requises
  - **c.** Protection du voisinage contre les nuisances (bruit, poussières)
    - *a) Pour la protection collective*
    - *b) Pour la protection individuelle*
  - **d.** Protection contre le risque d'explosion

4.3 Organisation de la circulation automobile et piétonne
- **4.3.1** Voies de circulation au niveau du chantier
- **4.3.2** Signalisation du chantier
- **4.3.3** Règles d'accès au chantier
  - **a.** Pour les véhicules et engins
  - **b.** Pour les travailleurs des entreprises
  - **c.** Liste *des entreprises et des ouvriers*
- **4.3.4** Sécurisation du chantier
  - **a.** *Les Horaires de chantier*
  - **b.** *Ordre général et salubrité du chantier*
  - **c.** *Interactions sur le chantier*

5 IDENTIFICATION DES TRAVAUX DANGEREUX

5.1 Sécurité à proximité des conduites de pétrole

5.2 Travaux aux abords et à l'intérieur d'une tranchée classique

5.2.1 Tranchées non blindées

5.2.2 Travaux aux abords d'une tranchée

5.3 Travaux en hauteur

5.3.1 Principes généraux de prévention des chutes

5.3.2 Travaux en extérieur et en hauteur

5.3.3 Moyens d'accès au poste de travail et circulation en hauteur

5.3.4 Utilisation des plates-formes élévatrices de personnes

5.3.5 Protections et sécurité des installations

5.3.6 Sécurité à proximité des conduites de pétrole et de gaz

6 MESURES DE PROTECTION CONTRE LES INTEMPÉRIES

7 L'ORGANISATION DES SECOURS

7.1 Les premiers secours.

7.1.1 L'organisation des secours

7.2 Prévention des incendies

7.3 Mesures de prévention d'explosions

8 STOCKAGE ET ENTREPOSAGE DES MATÉRIAUX

8.1 Stockage et entreposage des matériaux non dangereux

8.2 Stockage et entreposage des matériaux dangereux

8.3 Stockage et entreposage des matériaux mis en œuvre

8.4 Stockage et entreposage des matériaux servant à la mise en œuvre

8.4.1 Prescriptions minimales pour le respect de l'environnement.

9 TRAVAUX SUR AUTOROUTES AVEC TRAFIC ROUTIER

10 DÉCOUVERTE DE VESTIGES OU D'OBJETS ARCHÉOLOGIQUES

Modèle Lux-Dev

Dès que l'Entreprise titulaire du marché aura déposé le plan de béton armé approuvé par le Bureau de contrôle (Veritas, Alpages, etc.), l'Autorité contractante établit un ordre de service de démarrage des travaux.

Sur la base de ces deux éléments précédents, l'Entreprise titulaire du marché peut démarrer les travaux ; l'ordre de service de démarrage des travaux constitue le point de départ des délais de réalisation des travaux.

Pour exécuter sans anicroche les travaux, l'Entreprise titulaire du marché se doit de saisir les exploitants de réseaux pour avoir une idée des zones où passent câbles électriques, tuyaux d'amenée d'eau et autres conduits.

5.3 L'ANNONCE DE L'INTENTION DE DÉMARRER LES TRAVAUX (AIDE-Tr).

Pour disposer des informations, dont il est fait état ci-dessus, l'Entreprise titulaire du marché doit saisir, par écrit, les services compétents par rapport à l'occupation de la voie et de certains espaces, de son intention de démarrer les travaux et le caractère mobile du chantier, s'il y a lieu.

L'**A**nnonce de l'**I**ntention de **dé**marrer les **tr**avaux en abrégé (**AIDE-Tr**) a pour objet d'indiquer aux exploitants de réseaux le lieu précis des travaux projetés et les techniques de travail qui seront employées. Cette annonce non obligatoire permet d'obtenir des informations sur la localisation des réseaux et les recommandations visant à prévenir leur endommagement. L'Annonce de l'intention de démarrer les travaux (AIDE-Tr) devrait être servie à tous les exploitants de réseaux comme :

- la Société ou compagnie d'électricité;
- la Société ou compagnie des eaux ;
- la Société ou compagnie des télécommunications ;
- l'Office ou Société en charge de l'Assainissement, etc.

Dans la même forme, l'Entreprise titulaire du marché public informera ces services du repliement ou des déplacements éventuels du chantier.

5.3.1.1 Quand faut-il établir une « AIDE-Tr » ?

Lorsque des travaux doivent être à proximité de réseaux souterrains ou aériens, il doit être adressé des « **AIDE-Tr** » à chaque exploitant de réseaux sur l'emprise des travaux.

Il importe de vérifier que chaque exploitant a reçu et répondu à l'annonce pour mettre à disposition ces plans. Il faut aussi vérifier que tous les plans reçus pour le réseau sur l'emprise du projet sont exploitables.

5.3.1.2 Suivi d'une AIDE-Tr ?

Les exploitants de réseau sont vivement invités à répondre aux « **AIDE-Tr** » des entrepreneurs.

Cela évite bien de déconvenues au niveau des réseaux qui sont la plupart du temps source de privation du service public pour les riverains qui jouxtent la zone endommagée du réseau.

Cette réponse intervient au moyen d'un récépissé. Il importe de faire des relances pour pouvoir de manière concertée travailler sur de grands projets sans pour autant gêner les usagers ou provoquer des différends entre exploitants.

a. Que faire en cas d'absence de réponse d'un l'exploitant à l'AIDE-Tr ?

L'idéal est de recevoir une réponse des différents exploitants. Cependant, à défaut de réponse d'un ou des exploitants, l'Entreprise titulaire du marché public peut commencer les travaux, après l'envoi par celle-ci d'une lettre de rappel en recommandé avec accusé de réception de son intention d'entreprendre les travaux.

Lorsque, au cours de l'exécution des travaux, l'Entreprise titulaire du marché public rencontre des repères indiquant le parcours de câbles, de canalisations ou d'ouvrages souterrains, elle maintient ces repères à leur place ou les remet en place si l'exécution des travaux a nécessité leur enlèvement momentané.

Ces opérations requièrent l'autorisation préalable du Maître d'œuvre. En présence de réseau électrique, de réseau aérien ou souterrain, le titulaire du marché est responsable, de la conservation, du déplacement et de la remise en place des câbles, des canalisations et ouvrages spécifiés par le Maître d'ouvrage dans le marché, et prend à sa charge les frais y afférents.

Lorsque la présence de câbles, de canalisations ou d'installations n'a pas été mentionnée dans le marché, mais est signalée par des repères ou des indices, le titulaire du marché a un devoir général de diligence et des obligations en ce qui concerne leur conservation, leur déplacement et la remise en place.

Dans ce cas, le Maître d'ouvrage l'indemnise des frais afférents à ces travaux, dans la mesure où ces travaux sont nécessaires à l'exécution du marché (CCAG travaux Clause relative aux : Sujétions spéciales pour les travaux exécutés à proximité des câbles ou ouvrages souterrains de télécommunications).

b. Quelle suite donner à la réponse d'un exploitant.

1) Réception du récépissé avec fourniture de plans.

Si les informations sont insuffisantes et peuvent être source d'incertitudes (échelle trop petite, plans illisibles, pas de cotations, etc.), l'Entreprise titulaire du marché doit émettre des réserves par écrit et demander un repérage en commun du réseau

Au constat d'une incohérence notable à la lecture des plans fournis et du terrain conduisant, soit à une non-possibilité de travailler en sécurité, soit risquer de modifier l'assise de certains réseaux : il faudra se rapprocher de l'exploitant et informer qui de droit. La même conduite est à tenir lors de l'ouverture des fouilles en cas d'incohérence entre les ouvrages découverts et ceux signalés sur les plans.

2) Réception du récépissé, mais sans plans.

Cette situation peut résulter du fait que : l'exploitant de réseau n'a effectivement pas de plan : il peut se déplacer pour procéder au repérage gratuitement (écrire s'il y a lieu pour demander ce repérage et ce piquetage).

En réponse, dans le souci de mieux servir les populations l'exploitant du réseau devra répondre favorablement et procéder à l'identification de ses réseaux sur le terrain, et convenir d'une date.

En cas de travaux urgents, justifiés par la sécurité, la continuité du service public ou la sauvegarde des personnes ou des biens, les travaux peuvent être exécutés.

Pour les travaux à proximité des ouvrages pour hydrocarbure et/ou produits chimiques présentant la plupart du temps une certaine dangerosité, l'autorisation écrite de l'exploitant est nécessaire.

5.4 RÉALISATION DES TRAVAUX.

Un programme d'exécution des travaux est soumis au visa du Maître d'œuvre avant l'expiration de la période de mobilisation.

Ce visa ne décharge, en rien, l'Entreprise titulaire du marché public de sa responsabilité de réaliser les travaux dans des délais et selon un programme compatible avec la bonne exécution du marché.

Le programme d'exécution des travaux précise notamment les matériels et les méthodes qui seront utilisés et le calendrier d'exécution des travaux.

Le projet des installations de chantier et des ouvrages provisoires est annexé à un programme qui distinguera les matériels et équipements devant être importés de façon temporaire et exclusivement destinés à la réalisation des travaux.

5.4.1 Actualisation du Plan général de sécurité, d'hygiène et de santé (PGSHS).

Au cours du déroulement du chantier, certaines mesures initialement prévues peuvent s'avérer insuffisantes ou inapplicables, elles seront remplacées par d'autres mesures. Il importe donc que le PGSHS puisse être modifié ou complété et que les destinataires et utilisateurs en soient informés.

Pour ce faire, le PGSHS sera régulièrement tenu à jour et diffusé auprès du responsable de la sécurité de chaque entreprise pour qu'ils puissent, ensemble, gérer du point de vue administratif que du point de vue technique, les postes et qui alimentent le PGSHS.

5.4.2 <u>La provenance des matériaux et des produits.</u>

L'entreprise a sauf clause contraire écrite une compétence exclusive dans le choix des matériaux.

Ce choix des matériaux entraîne sa responsabilité pleine et entière devant le Maître d'ouvrage. Le titulaire du marché est donc responsable de la qualité des matériaux et de leur mise en œuvre.

Toutefois, en cas de défaut de qualité, il a la possibilité de se retourner contre le fabricant ou le fournisseur.

Les commandes faites par le titulaire du marché auprès de ses fournisseurs doivent être conformes aux prescriptions techniques du marché, il doit contrôler les livraisons de façon rigoureuse et conserver les bons de livraison, car il faudra pouvoir produire toutes justifications de provenance ou de qualité des matériaux.

Si une provenance de matériaux de produits ou de composants est fixée, le marché le titulaire ne peut la modifier sans un accord écrit du Maître d'œuvre, car il risque de se voir opposer une obligation de mise en conformité de l'ouvrage avec comme conséquence (un refus de réception, la démolition/reconstruction, des pénalités de retard).

La substitution des matériaux peut donner lieu à l'application d'un nouveau prix établi.

Les prix correspondants ne sont modifiés que si l'autorisation accordée par le maître d'œuvre précise que la substitution donne lieu à l'application de nouveaux prix et si l'augmentation ou réduction résultant de ces nouveaux prix a été acceptée.

Si le Maître d'œuvre subordonne son autorisation à une réfaction de prix sur les matériaux en question, le prix nouveau (en général moins-value) s'impose au titulaire qui pourra toutefois faire des réserves sur le principe de cette réfaction.

Par réfaction, il faut comprendre la possibilité d'admettre en l'état des prestations, sans qu'elles ne soient entièrement conformes aux stipulations du marché public, avec réfaction de prix proportionnelle à l'importance des imperfections constatées ; cependant, cette décision doit être motivée.

En d'autres termes est une réduction de prix d'une fourniture ou prestation pas totalement conforme aux stipulations du marché public.

5.4.3 Les réunions de chantier.

La construction d'une infrastructure est rythmée par des rendez-vous de chantier (tous les mercredis par exemple) qui favorisent son bon déroulement et conditionnent son résultat final. Loin d'être une perte de temps, les réunions de chantier sont les rencontres, très utiles, entre l'Entreprise titulaire du marché public, le Maître d'ouvrage, le Maître d'œuvre, le Coordinateur sécurité, hygiène et de santé, le Responsable de l'Ordonnancement pilotage et coordination (OPC).

Les réunions de chantier sont souvent des moments clés pour faire le point sur l'avancement des travaux, le respect du contrat et du cahier des charges ; elles sont indispensables ; le Bureau d'études techniques, l'Architecte et tous ceux qui ont un lien direct avec les travaux peuvent y prendre part. Pour les Entreprises intervenantes, c'est l'occasion de régler les problèmes relatifs à l'organisation administrative, technique et matérielle du chantier afin de maîtriser la qualité, les délais et les coûts et de prévenir les problèmes.

Pour le Maitre d'Ouvrage, c'est le moment de voir exactement où en sont les travaux. Une fois les travaux commencés (ce que l'on appelle l'ouverture du chantier), tout au long de la construction de l'infrastructure, le Maître d'ouvrage a un interlocuteur privilégié : le conducteur de travaux qui officie sous la supervision directe du Maître d'œuvre. Ce rouage essentiel pour le chantier est chargé de coordonner et de faire exécuter les travaux. Il vérifie la qualité, la conformité des matériaux et leur mise en œuvre. C'est avec lui que sont arrêtés les choix définitifs pour certains équipements ou finitions (couleurs des carrelages, sanitaires, etc.

5.4.3.1 Parties présentes aux réunions de chantiers

La personne à qui il incombe d'organiser et de présider les réunions de chantier est le conducteur de travaux. Il contrôle par corps d'état la bonne réalisation des travaux et tient régulièrement informé l'Autorité contractante ou Maître d'ouvrage du déroulement des opérations.

Lors des réunions de chantier, l'Autorité contractante sera donc présente avec l'ensemble des intervenants : le conducteur de travaux et les représentants, soit de chaque entreprise de bâtiment présente sur le chantier, soit de chaque corps de métier concerné.

Les acteurs ayant œuvré précédemment, comme ceux qui sont appelés à intervenir ultérieurement, peuvent également être présents.

La participation du Maître d'ouvrage à ces réunions est essentielle, car elle permet non seulement d'être en contact direct avec les problèmes concrets du chantier, mais sera aussi l'occasion de donner son avis, et de prendre des décisions en dernier ressort.

5.4.3.2 Déroulement des réunions de chantier

Les réunions de chantier permettent de vérifier que les travaux sont exécutés conformément aux cahiers des charges ; que le chantier est en bon ordre, et que les constructeurs respectent les obligations contractuelles et les obligations réglementaires sur le chantier.

Outre l'état d'avancement des travaux, du point de vue qualité d'exécution, le conducteur procède généralement à l'examen du compte-rendu de chantier précédent et au rappel des décisions et observations.

Les réunions de chantier permettent également d'estimer si les délais sont respectés ou encore de contrôler que les différents acteurs ne rencontrent pas de problèmes particuliers.

a. Le journal de chantier.

Non prévue par le Cahier des clauses administratives générales (CCAG)-Travaux et dans le silence du Cahier des clauses administratives particulières (CCAP), la tenue de ce document par l'Entreprise titulaire du marché public est recommandée.

Le journal de chantier retrace la vie sur le théâtre des opérations, jour par jour (présence et activité du personnel, les approvisionnements, les prélèvements au niveau des stocks, des matériels, des incidents, des arrêts et leurs causes, des contrôles effectués, etc.), et en constitue la mémoire écrite.

Le journal de chantier est précieux à l'Entreprise titulaire du marché public pour servir de témoignage objectif en cas de différend ou de litige. Il est tenu par une personne mandatée par le titulaire du marché qui peut à la fin de chaque journée faire contresigner la page des événements récents par le conducteur des travaux. Ce document peut être accompagné de photos, des copies de constats pris, etc.).

b. Le rapport de réunion de chantier.

Après chaque réunion de chantier, il est établi un procès-verbal de réunion de chantier qui fait le point sur l'état d'avancement du chantier, ainsi que les difficultés rencontrées.

Des indications techniques et conseils y sont également précisés, de même que les demandes nouvelles formulées l'Autorité contractante ou Maître d'ouvrage. Il s'agit en fait d'un complément du planning d'avancement des travaux. Sur ce procès-verbal de réunion de chantier figurent la date, l'objet de la rencontre, le nombre et l'identité des participants, ainsi que l'ordre du jour. Il est rédigé par le représentant du Maître d'œuvre ou le conducteur des travaux.

D'un point de vue pratique, le procès-verbal de réunion de chantier sera d'autant plus efficace :

- qu'il est rédigé et signé en fin de réunion, ou à bref délai,

- qu'il soit précisé que les observations qu'il peut susciter doivent être formulées à la réunion suivante ou sous un délai raisonnable.

Dans le procès-verbal de réunion, il est recensé : les responsables présents, ou absents ; l'état d'avancement des travaux ; les faits et difficultés rencontrées ; les observations des participants ; les décisions prises (celles qui relèvent d'un ordre de service devront être formalisées par la suite) et la date de la réunion suivante. Si les sous-traitants ne sont pas présents, l'Entrepreneur principal a tout intérêt à leur transmettre une copie du procès-verbal pour recueillir leurs observations.

D'un point de vue pratique, l'utilisation systématique des traitements de texte conduit souvent à simplement ajouter de nouvelles observations aux anciennes, sans supprimer les instructions dépassées.

Il est conseillé de mettre le procès-verbal de réunion de chantier à jour de manière manuscrite par la suppression des observations devenues inutiles, soit de retraiter les observations persistantes par (lettre, réunion de confirmation, mémorandum explicatif, etc.).

Le procès-verbal de réunion de chantier n'a pas de valeur contractuelle, cependant, en cas de litige, les informations transcrites peuvent être retenues comme des « éléments de fait ».

5.4.4 Les constats d'avancement et les attachements.

Les opérations de surveillance réalisées sont sanctionnées par des constats sur l'avancement des travaux. Ces constats se font à partir des éléments circonstanciels et quantitatifs relatifs aux travaux réalisés, suivant les pratiques du génie civil, au fur et à mesure de leur avancement.

Les constats sur l'avancement des travaux sont justifiés par le fait que ceux-ci ne peuvent être constatés qu'en cours de construction et en un temps opportun ; ils donnent lieu à l'établissement d'écrits dénommés attachements.

Les attachements sont des relevés écrits ou graphiques, réalisés au cours des travaux, généralement de manière quotidienne, servant à l'établissement de mémoires, en particulier dans les cas où la vérification ultérieure de ces travaux serait impossible.

5.4.4.1 L'établissement des attachements.

Les constats pour l'établissement de mémoires en vue de la constitution des attachements sont faits à la demande du titulaire ou du Maître d'œuvre et sont rédigés par ce dernier. Ils sont dressés contradictoirement directement sur le chantier, ils contractualisent la matérialité des éléments constatés.

D'un point de vue pratique, il convient de préparer ces rendez-vous de constatations et de vérifier que le signataire est habilité. La qualité de chacun des signataires doit être précisée. Toutes les pages du document des constatations doivent être parafées par les deux parties, et dans la dernière page doivent figurer les signatures avec la mention de la qualité des signataires.

La finalité des attachements consiste à examiner si l'Entreprise titulaire du marché public peut prétendre à un règlement résultant de la nature de la constatation des travaux.

L'attachement, par lui-même, ne vaut pas acceptation de la conformité des travaux dont elle constate l'exécution. Dans le cas où le Maître d'œuvre n'établit pas d'attachements, l'initiative peut revenir à l'Entreprise titulaire du marché public, qui arrête elle-même les attachements et les lui présente. Si le Maître d'œuvre refuse de signer, il faut qu'il le mentionne par écrit le pourquoi.

Le Maître d'œuvre peut accepter ou présenter des attachements rectifiés en demandant à l'Entreprise titulaire du marché public de procéder aux modifications qui s'imposent afin que les attachements soient mis en conformité avec les stipulations contractuelles. Une fois cette conformité acquise, les attachements sont acceptés par le Maître d'œuvre et pris en compte dans les décomptes.

L'acceptation des attachements concerne d'une part les quantités, d'autre part les prix, il appartient à l'Entreprise titulaire du marché public de faire valider l'exécution d'une obligation (auprès du maître d'œuvre) afin d'apporter la preuve de ce qu'il demande :

- pour obtenir la rémunération des travaux dans le cas d'un marché à prix unitaire,
- pour se préserver des preuves dans l'hypothèse où une catégorie de travaux ne serait plus visible ;
- pour se préserver la preuve de difficultés rencontrées, des matériels et matériaux approvisionnés sur le chantier, du nombre d'ouvriers et pouvoir en déduire les rendements.

Si l'Entreprise titulaire du marché public assiste à la réunion et refuse de signer les attachements ou les signe avec réserves, il est dressé un procès-verbal de leur présentation et des circonstances qui l'ont accompagnée.

Ce procès-verbal est annexé aux pièces non signées. Il est accordé un délai généralement de dix (10) jours à dater de la présentation des pièces pour formuler par écrit ses observations.

Passé ce délai, les attachements sont censés être acceptés, comme s'ils étaient signés sans réserve. Si l'Entreprise titulaire du marché public, dûment convoquée, n'est pas présente, elle est présumée accepter sans réserve le constat qui en résulte.

5.4.5 Gestion de la masse, quantités et travaux non prévus.

La masse de travaux effectués pour la réalisation d'un ouvrage est susceptible d'être augmentée par rapport à celle qui était initialement prévue dans le contrat de base.

Lorsqu'une telle augmentation résulte d'ordres émanant du maître d'ouvrage ou du maître d'œuvre, l'Entreprise titulaire du marché public doit connaître quels sont ses devoirs et ses droits.

5.4.5.1 Augmentation ou diminution de la masse.

Par masse initiale des travaux, il faut comprendre, la masse des travaux résultant des prévisions du marché, c'est-à-dire du marché initial éventuellement modifié ou complété par les avenants intervenus. L'estimation de la masse initiale des travaux se fait en prix de base c'est-à-dire sans actualisation ni révision.

Par masse des travaux exécutés, il faut entendre le montant des travaux réalisés par le titulaire et évalué à partir des prix de base du marché (c'est-à-dire sans actualisation ni révision de prix et hors taxe sur la valeur ajoutée (TVA). L'augmentation ou la diminution de la masse des travaux s'apprécie par comparaison du montant des travaux exécutés au montant initial du marché.

a. Que faire en cas d'augmentation dans la masse des travaux ?

Le titulaire du marché public est tenu de mener à son terme la réalisation des ouvrages faisant l'objet du marché, quelle que soit l'importance de l'augmentation de la masse des travaux suit à des sujétions techniques ou par insuffisance des quantités prévues.

Si l'augmentation de la masse des travaux est supérieure à vingt-cinq (25) pour cent de la masse initiale l'entreprise titulaire du marché public a, droit à être indemnisée, en fin de compte du préjudice qu'elle a éventuellement subi du fait de cette augmentation au-delà de l'augmentation limite de vingt-cinq (25) pour cent.

Lorsque la masse des travaux exécutés atteint la masse initiale, l'entreprise titulaire du marché public doit arrêter les travaux si elle n'a pas reçu un ordre de service lui notifiant la décision de les poursuivre.

Cette décision de poursuivre n'est valable que si elle indique le montant limite jusqu'où les travaux pourront être poursuivis, le dépassement éventuel de ce montant limite devant donner lieu à la même procédure et entraîner les mêmes conséquences que celles qui sont définies pour le dépassement de la masse initiale.

Le titulaire du marché public est tenu d'aviser le Maître d'œuvre, trente (30) jours au moins à l'avance de la date probable à laquelle la masse des travaux atteindra la masse initiale. L'ordre de poursuivre les travaux au-delà de la masse initiale, s'il est donné, il doit être notifié dix (10) jours au moins avant cette date.

A défaut d'ordre de poursuivre, les travaux qui sont exécutés au-delà de la masse initiale ne sont pas payés et les mesures conservatoires à prendre, décidées par le Maître d'œuvre, sont à la charge du Maître d'ouvrage sauf si le titulaire du marché public n'a pas adressé l'avis prévu ci-dessus.

Dans les quinze (15) jours qui suivent tout ordre de service ayant pour effet d'entraîner une modification de la masse des travaux, le Maître d'œuvre fait part à l'entreprise titulaire du marché public de l'estimation prévisionnelle qu'elle fait de cette modification.

- Les seuils d'augmentation de masse ouvrent des droits à indemnisation pour le titulaire du marché public. Les limites d'augmentation au-delà desquelles le titulaire du marché public doit être indemnisé du préjudice qu'elle aurait éventuellement subi du fait de l'augmentation sont, dans le cas d'éléments de travaux réglés sur prix forfaitaires ;

  lorsque des changements ordonnés par le Maître d'œuvre dans la consistance des travaux, le prix nouveau fixé suivant les modalités prévues qui tient compte des charges supplémentaires éventuellement supportées du fait de ces changements,

- dans le cas d'éléments de travaux réglés sur prix unitaires, lorsque suite à des ordres de service ou de circonstances qui ne sont ni de la faute ni du fait de l'Entreprise titulaire du marché public, l'importance de certaines natures d'ouvrages sont modifiés de sorte que les quantités exécutées diffèrent de plus de trente (30) pour cent en plus, des quantités portées au Détail estimatif et quantitatif du marché.

Le droit pour du titulaire du marché public de présenter sa demande découle du simple fait que la limite contractuelle a été dépassée, mais la nature de sa demande et son montant doivent être justifiés. Le préjudice subi doit découler du fait que la masse des travaux a augmenté et le montant demandé doit être la conséquence du dépassement au-delà de la limite fixée.

b. Augmentation dans la masse des travaux -des sujétions techniques ou insuffisances des quantités prévues dans le marché.

Les sujétions imprévues sont traditionnellement définies comme étant des difficultés matérielles anormales et exceptionnelles rencontrées, extérieures à la volonté des parties, raisonnablement imprévisibles lors de la conclusion du marché. Elles ont pour effet de rendre plus difficile, mais non impossible l'exécution des prestations.

La théorie des sujétions imprévues ne doit pas être confondue avec la force majeure et l'imprévision.

La force majeure libère l'Entreprise titulaire du marché public de son obligation de l'exécuter, les sujétions imprévues, bien que rendant l'exécution plus onéreuse, ne la libèrent pas de cette obligation.

L'Entreprise titulaire du marché public est tenue d'exécuter jusqu'à son terme les ouvrages faisant l'objet du marché forfaitaire, quelle que soit l'importance de l'augmentation de la masse des travaux. Elle pourra donc demander le paiement des travaux exécutés correspondant à l'augmentation de la masse.

Un sous-traitant bénéficiant du paiement direct des prestations dans l'acte spécial de sous-traitance a également droit à ce paiement direct pour les dépenses résultant pour lui de sujétions imprévues qui ont bouleversé l'économie générale du marché.

c. Augmentation de la masse des travaux, suite à un changement des besoins du Maître d'ouvrage

Si, en cours de route, l'Autorité contractante (ou Maître d'ouvrage) change d'avis sur un détail ou si elle souhaite faire rajouter une prestation non prévue au contrat, l'obligation de poursuivre les travaux ne s'impose que si l'objet même du marché n'est pas modifié, autrement dit, s'il n'y a pas de changement dans le programme initial.

d. Diminution dans la masse des travaux et conditions d'indemnisation.

L'Entreprise titulaire du marché public a, droit à être indemnisée, en fin de compte du préjudice qu'elle a éventuellement subi du fait de cette diminution au-delà de la diminution limite de vingt-cinq (25%) pour cent.

e. Variation des quantités d'une nature d'ouvrage

Sauf dérogation dans le CCAP, des droits à indemnisation sont ouverts au titulaire lorsque l'importance de diverses natures d'ouvrages est modifiée par suite, d'ordres de service, ou de circonstances extérieures à la volonté du titulaire. La notion de nature d'ouvrage étant définie comme : les ouvrages inscrits au bordereau sous le même numéro et rémunérés au moyen du même prix.

Si l'importance de certaines natures d'ouvrages est modifiée de telle sorte que les quantités exécutées diffèrent de plus de trente (30%) pour cent en plus, ou de plus de vingt-cinq (25%) pour cent en moins des quantités portées au détail estimatif et quantitatif du marché, le titulaire a droit à être indemnisé, du préjudice que lui ont causé ces changements.

5.5 GESTION DES DÉCHETS DE CHANTIER

Tout chantier de construction provoque des nuisances pour son environnement immédiat (bruit, pollution de l'atmosphère, des sols, de l'eau, les poussières et les déchets. Les déchets de chantiers sont de toutes tailles (construction environ 10%, de la démolition 43% et réhabilitation 47%), ils proviennent aussi de la dépollution des sols, des fouilles et des remblais. Ils se répartissent en 3 catégories :

- les déchets inertes (terres, cailloux, béton, matériaux de démolition, matériaux de construction) ;
- les déchets non dangereux (déchets industriels, bois, plâtres, métaux, plastiques) ;
- les déchets dangereux (peinture, hydrocarbures et produits associés, accumulateurs, bois traités et produits de traitement, emballages souillés par des produits dangereux).

La gestion des déchets doit être prise en compte dès la définition du programme par l'Autorité contractante ou maître d'ouvrage et tout au long du chantier, de la préparation à la réception de l'ouvrage. Même si dans le PGSHS, il est évoqué l'attention qui doit être portée à la gestion des déchets, il n'en demeure pas moins pertinent de la traiter de manière particulière.

5.5.1 La collecte interne des déchets de chantier.

Réaliser la collecte interne des déchets consiste à envisager les actions et les moyens nécessaires au transfert du déchet entre les mains de l'ouvrier et le point de regroupement avant leur évacuation du chantier.

Penser la collecte interne c'est penser : aux moyens mis en œuvre entre le premier lâchage réalisé par le personnel du chantier et le lieu de regroupement avant évacuation ; à la préparation de la prise en charge du déchet par le maillon suivant.

Le but est qu'il puisse se dessaisir du déchet qu'il vient de créer de manière simple et en direction d'un contenant (« big-bag », poubelles roulantes, ou des seaux emboîtés pour les niveaux d'étages autres que le rez-de-chaussée).

Une autre démarche positive est de faire que les différents intervenants aient des actions communes, plusieurs entreprises travaillant en même temps peuvent se concerter pour utiliser des moyens communs ; ne pas avoir de déchets qui traînent et qui peuvent nuire le voisinage lorsqu'il y a du vent en plus du coût de ramassage final élevé.

5.5.2 Les modes de stockage des déchets.

La maîtrise d'œuvre doit établir un plan de localisation du lieu de stockage des déchets. Différentes possibilités de stockage sont envisageables :

- les contenants (aire de déchets centrale) : selon le niveau de tri envisagé, le nombre de contenants varie de trois à huit. Chaque contenant étant dédié à un type de déchets valorisables. Les contenants sont gérés par les titulaires des contenants ;

- les conteneurs (aires de déchets secondaires) : ils sont prévus en nombre suffisant afin de répondre au niveau de tri défini au départ du chantier. Les fréquences d'évacuation sont plus importantes que pour les contenants ;

- les big-bag ou gros sacs : provenant des livraisons de ciments (chaque big-bag pouvant contenir 2 tonnes de ciment) ils permettent une gestion de l'espace plus fine que les contenants, cela correspond à des chantiers limités en espace ;

- l'enlèvement quotidien : cette alternative correspond à une gestion journalière des déchets. La meilleure solution dans ce cas est une gestion par entreprise titulaire qui gère ses déchets produits la journée.

5.5.3 Modes de gestion des déchets.

5.5.3.1 Gestion par un prestataire extérieur.

Il s'agit de confier la globalité de la prestation à un "prestataire-déchets" pour la collecte et l'élimination. Reste à la charge des intervenants sur le chantier de respecter les conditions de tri en utilisant les moyens mis à leur disposition. Le coût de la gestion de déchets est inclus dans un lot "déchets" séparé des autres lots, il sera demandé un devis avant travaux.

5.5.3.2 Gestion par une entreprise du chantier (entreprise générale).

L'entreprise générale est désignée pour gérer les collectes et l'élimination des déchets produits dans le chantier.

5.5.3.3 Gestion par plusieurs entreprises du chantier (lots séparés).

Les différents lots prennent des contenants communs en fonction de la nature des déchets qu'ils produisent. Les déchets communs sont regroupés dans un même contenant.

Les lots ainsi regroupés doivent assurer un suivi du tri des déchets tout au long du chantier, en assurant une présence d'une personne au moins auprès des contenants. Le coût de gestion est réparti entre les utilisateurs des différents contenants.

Ce système permet d'utiliser des moyens communs entre plusieurs entreprises qui produisent la même nature de déchets. Il s'agit d'un système équitable d'un point de vue financier pour les utilisateurs. Ce système permet de responsabiliser ceux qui doivent y consacrer un budget prévu dans leurs offres.

5.5.3.4 La gestion individuelle.

Chaque entreprise intervenant sur le chantier est responsable, du tri de sa production de déchets dans un dépôt transitoire, sa collecte et son élimination. A ce titre, chaque entreprise supporte l'intégralité du coût de la gestion de ses propres déchets. Il s'agit du système le plus équitable d'un point de vue financier.

**** ***

CHAPITRE VI
EXÉCUTION DES ACCORDS-CADRES MARCHÉS A COMMANDE ET MARCHÉS A TRANCHES

6.1 L'EXÉCUTION DES ACCORDS-CADRES

En règle générale, l'exécution d'un Accord-cadre est effectuée pour une durée d'un an. Lorsque les termes de l'accord ne sont pas remis en cause, il est possible de poursuivre l'exécution des prestations qui y sont prévues. Ceci ne requiert aucune modalité particulière, dans la mesure où le cahier des prescriptions spéciales comporte une clause de reconduction tacite.

La décision de ne pas reconduire l'Accord-cadre est une décision normale, mettant fin à l'extinction des obligations contractuelles. La non-reconduction l'Accord-cadre peut être prononcée par l'une des deux parties après un préavis précisé dans l'Accord-cadre, lorsqu'il y a interruption de la reconduction, l'Accord-cadre doit être résilié.

Les marchés-cadres ne fixent que le minimum et le maximum, des prestations, arrêtés en valeur ou en quantité. Il appartient à cet effet au Maître d'ouvrage de fixer le minimum et le maximum sur le plan financier.

L'engagement comptable porte sur le montant maximum de l'Accord-cadre, c'est-à-dire le montant des crédits ouverts pour couvrir les dépenses relatives aux engagements pris.

Toutefois, pour la première année, cet engagement peut éventuellement porter sur le montant correspondant aux besoins à satisfaire ou au prorata de la période considérée, et ce dans la limite des crédits de paiement disponibles pour l'année budgétaire en cours.

A cet égard, il est nécessaire de préciser que la notion d'engagement recouvre deux significations :

- d'une part, l'engagement est le fait générateur de la dépense et peut résulter d'un acte administratif (le marché) ;
- d'autre part, l'engagement comptable est imputable par l'ordonnateur, sur les crédits budgétaires dont il dispose ou des fonds nécessaires à la réalisation de la dépense dès lors, cette somme ne peut plus être affectée à un autre usage.

De ce fait, l'exécution et le règlement d'un Accord-cadre sont limités dans le temps, dans la mesure où le règlement des prestations effectuées doit être rattaché à l'exercice en cours et que les crédits d'un exercice sont utilisés pour régler les prestations effectuées à l'intérieur de cet exercice.

La durée de l'Accord-cadre court à compter de la date de commencement de l'exécution des prestations prévue par ordre de service. Donc le règlement ne peut être entier que si le service fait coïncide avec le début de l'exercice.

Si, en revanche, le commencement de l'exécution des prestations prévue par ordre de service n'a été constaté qu'à partir du deuxième trimestre, le règlement ne peut être effectué qu'au prorata de la durée de la prestation.

La durée de l'Accord-cadre court à compter de la date de commencement de l'exécution des prestations prévue par ordre de service. Ensuite, le paiement doit être effectué dans la limite des crédits disponibles et rattaché à l'année budgétaire en cours.

6.2 L'EXÉCUTION DES MARCHÉS A COMMANDES.

L'expression « marché à commandes » est la terminologie utilisée dans le Code des marchés publics du Sénégal, elle a, toute chose étant égale par ailleurs, la même signification et la même portée que le terme, « marché à bons de commande » utilisé au niveau des standards internationaux.

6.2.1 Définition du marché à commandes.

Lorsque l'Autorité contractante ne peut déterminer à l'avance le volume et le rythme des commandes de fournitures ou de services courants nécessaires à ses besoins, elle peut avoir recours à un marché à commande.

Le marché à commandes fixe le minimum et le maximum de fournitures ou de prestations, arrêtés en valeur ou en quantité, susceptibles d'être commandés au cours de la période déterminée n'excédant pas celle de l'utilisation des crédits de paiement.

Les quantités de prestations ou de fournitures à exécuter sont précisées pour chaque commande par l'Autorité contractante en fonction des besoins à satisfaire.

Si ce type de marché public comporte un certain nombre d'avantages pour la personne publique qui rencontre des difficultés à chiffrer son besoin de services, ce type de contrat comporte également des contraintes pour celle-ci.

6.2.2 Avantages et inconvénients des marchés à commandes.

Le marché public à commandes est un marché qui peut être conclu avec un ou plusieurs opérateurs économiques et exécuté au fur et à mesure de l'émission de commandes.

Une Autorité contractante peut ainsi effectuer des achats à caractère répétitif, en organisant, une seule fois, la procédure complète de mise en concurrence de fournisseurs potentiels.

Les standards internationaux retiennent que le marché à commandes peut être conclu, sans minimum ni maximum, ce qui donne, plus de liberté à l'Autorité contractante qui n'est pas tenue de garantir un minimum de dépenses.

Cependant, comme le recommande la plupart des codes des marchés publics, l'Autorité contractante a toujours intérêt, si cela lui est possible de conclure des marchés à commandes avec un minimum et un maximum, en valeur. Cela lui permet d'obtenir des offres plus avantageuses, car :

- la fixation d'un minimum permet aux opérateurs économiques de sécuriser leur carnet de commandes et en conséquence, de rationaliser leur outil de production, en anticipant des économies d'échelle ou en garantissant le financement des investissements nécessaires à leur extension ;
- la fixation d'un maximum permet d'indiquer aux opérateurs économiques le niveau de mobilisation de leur outil de production, le cas échéant, les conditions de disponibilité, de cet outil, pour satisfaire aux demandes d'autres clients.

En contrepartie, des conditions plus avantageuses qui peuvent lui être consenties, l'Autorité contractante devra en assumer les conséquences contractuelles.

6.2.2.1 Conséquences contractuelles de l'existence d'un minimum ou d'un maximum.

a. Les commandes n'atteignant pas le minimum.

1) Marchés à commande mono attributaire.

Si l'Autorité contractante n'atteint pas le minimum prévu au contrat, elle devra indemniser son cocontractant du préjudice subi. En effet, l'engagement de l'Autorité contractante sur un montant minimum crée un droit à indemnisation au profit du titulaire dans l'hypothèse où ce minimum ne serait pas atteint.

Le montant de l'indemnité ne réside pas dans la différence entre le montant minimum et le montant des commandes émises, mais correspond à la marge bénéficiaire nette qu'aurait dégagée l'exécution des commandes manquantes.

Il est admis que les frais engagés pour la réalisation de prestations spécifiques ou encore les frais inhérents à la mobilisation du personnel pour l'exécution du marché soient mis à la charge de l'Autorité contractante. Toutefois, la rémunération des employés du titulaire n'est indemnisable que s'il est démontré que cette rémunération constitue une charge qui aurait été couverte par le règlement du marché.

2) Marchés à commande multi- attributaire.

En cas de multi-attribution, si le montant minimum du marché n'est pas atteint, les titulaires ne sont, en principe, pas fondés à demander une indemnisation. Cela procède du fait que le montant minimum des commandes pour chacun des titulaires ne peut être déterminé avec certitude à la lecture du marché or, seul le préjudice certain peut être indemnisé.

En l'absence de telles précisions dans le marché, si l'Autorité contractante décide de ne plus passer de commandes, les titulaires ne peuvent pas déduire, des commandes réalisées depuis la signature du marché, les bénéfices qu'elles auraient dû réaliser, si des prestations supplémentaires avaient été commandées. Ainsi le préjudice se fondant sur la perte de bénéfices provenant, pour chaque titulaire, de la non-exécution du marché, ne peut être établi.

b. Conséquences pour des commandes dépassant le maximum fixé dans le marché

Le montant maximum fixé dans le marché revêt un caractère obligatoire pour les parties. En l'absence d'un avenant régulièrement intervenu pour en augmenter le montant, un dépassement du maximum prévu ne peut donner lieu au paiement d'un prix supplémentaire, le marché ayant pris fin.

Si l'Autorité contractante dépasse le maximum, elle ne peut contraindre son cocontractant à assumer la part des prestations correspondante, sans conclure un avenant au marché : le titulaire du marché n'est, en effet, engagé par le marché qu'à hauteur du maximum.

Ce montant maximum constitue la limite supérieure des obligations contractuelles tant de l'Autorité contractante que du titulaire. Ainsi, le marché prend fin de plein droit dès lors que le montant maximum est atteint, et ce, quand bien même la durée de validité du marché ne serait pas encore expirée.

6.2.2.2 Durée des marchés et passation des commandes.

a. Principe de la durée triennale des marchés à commandes.

La durée maximum des marchés à commandes est de trois ans, reconduction comprise. Cette durée maximale ne peut être dépassée ; il s'agit d'une durée maximale qui n'interdit pas de retenir une durée plus courte.

Une Autorité contractante peut également opter pour une formule de marché comprenant une période ferme reconductible, et bénéficier pleinement de la réactivité offerte par le régime des marchés à commandes.

L'Autorité contractante peut donc opter, soit pour un marché à durée définitivement arrêtée lors de sa conclusion, soit pour un marché comprenant une période ferme susceptible d'être reconduite dans la limite de la durée maximale prévue.

L'indication de la durée d'un marché est un élément essentiel de la mise en concurrence et de l'exécution, elle constitue un préalable qui doit être porté dans l'avis de marché. Il est impossible de mettre fin à un marché à commandes avant son terme au seul motif que le montant minimum fixé aurait été atteint.

La durée maximale de trois ans concerne la seule émission des commandes, qui doit avoir lieu pendant la durée de validité du marché.

Une commande émise alors que la durée de validité du marché est expirée ne peut faire naître une obligation contractuelle et n'ouvre donc pas droit au paiement du prix prévu par le marché au profit de son titulaire.

b. <u>Comment passer les commandes ?</u>

Les marchés à commandes constituent une forme particulière de marché public et non pas un mode spécifique de passation. De fait, ils obéissent aux règles prévues par le Code des marchés publics.

1) <u>Montants et seuils des marchés à commandes</u>

La procédure de passation d'un marché à commandes est déterminée en fonction de son montant, au regard des seuils prévus. Ce montant est annoncé sous la forme d'un minimum et d'un maximum. Afin que le marché soit équilibré et équitable, il convient que la fourchette entre le minimum et le maximum soit réaliste et qu'elle corresponde à des estimations raisonnables.

Il est conseillé de ne pas avoir recours à des écarts importants ne reflétant aucune réalité des besoins, mais n'ayant d'autre but que de minorer l'engagement initial de l'Autorité contractante ou de maximiser celui du fournisseur. C'est la raison pour laquelle un écart maximum est fixé entre le minimum et le maximum du marché. En général, ce maximum est fixé à quatre fois le minimum.

2) Nature et fonction des commandes.

Les commandes ont pour fonction de déterminer les prestations du marché dont l'exécution est demandée ainsi que leurs quantités. Elles ne sauraient avoir pour objet ou pour effet de modifier le contenu du contrat.

Il n'est pas imposé de formalisme particulier pour l'émission des commandes, qui doivent cependant être des documents écrits. Les commandes engagent, sous réserve de leur régularité, la responsabilité du titulaire opposant un refus d'exécution.

3) Modalités d'attribution des commandes

(i) Principe d'exclusivité des commandes pour les titulaires

Les titulaires d'un marché à commandes bénéficient, par principe, d'une exclusivité sur les prestations qui sont l'objet du marché, alors même qu'aucune clause d'exclusivité ne figurerait dans le marché. Une Autorité contractante qui confie des prestations identiques à une autre entreprise engage sa responsabilité vis-à-vis du titulaire.

(ii) Comment administrer les commandes.

L'administration des commandes s'effectue sans négociation ni nouvelle remise en concurrence, même si le marché a été conclu avec plusieurs opérateurs économiques. Dans le cadre d'un marché à commande multi-attributaires, l'Autorité contractante détermine librement les modalités de répartition des commandes au regard des caractéristiques du marché. Celles-ci sont réparties entre les titulaires, selon les modalités fixées par le marché, qui doivent toujours être objectives, transparentes et non discriminatoires.

A cet égard et afin de donner aux opérateurs économiques une visibilité suffisante pour l'optimisation de la commande, l'Autorité contractante doit informer clairement les candidats, dès le lancement, des règles d'attribution des commandes.

Le fait pour une Autorité contractante de prévoir dans les pièces du marché que l'administration des commandes sera faite librement par elle tout en respectant un équilibre financier entre les attributaires ne suffit pas à définir les modalités d'émission des commandes.

Il convient ainsi de fixer précisément les conditions dans lesquelles les commandes seront attribuées aux différents titulaires dans le cahier des clauses administratives particulières (CCAP). A cette fin, l'Autorité contractante peut avoir recours à différentes méthodes d'attribution des commandes.

La méthode dite « en cascade » peut être utilisée, elle consiste à faire appel en priorité aux titulaires les mieux-disant. Dans cette hypothèse, l'Autorité contractante, contacte le titulaire dont l'offre a été classée première. Si celui-ci n'est pas en mesure de répondre dans les délais exigés, l'Autorité contractante pourra s'adresser au titulaire dont l'offre a été classée deuxième, etc.

Avec la méthode dite du « tour de rôle », l'attribution des commandes peut également résulter de l'application de la règle dite du « tour de rôle » où, pour chaque commande, le choix s'effectue par roulement. Le premier titulaire peut, par exemple, être déterminé selon l'ordre alphabétique des noms de société ou l'ordre de classement des offres.

La méthode d'un maximum pour chaque titulaire. L'Autorité contractante peut également attribuer ses commandes à hauteur d'un maximum prévu pour chacun des titulaires, sur la base du maximum du marché et du nombre de titulaires (maximum divisé par nombre de titulaires).

Dès lors, si un des titulaires atteint, selon la technique dite « en cascade » ou celle dite « du tour de rôle », le montant maximum qui lui est fixé, celui-ci ne pourra plus se voir imputer les commandes suivantes, lesquelles sont alors attribuées aux autres titulaires selon les mêmes modalités. Cela a pour finalité de garantir à chacun des titulaires une répartition équitable des commandes en volume financier.

6.3 LES MARCHÉS A TRANCHES.

6.3.1 Définition du marché à tranches.

Le marché à tranches est défini comme le marché comportant une tranche ferme et une ou plusieurs tranches conditionnelles.

La consistance du marché à tranches, son prix et ses modalités d'exécution sont définis en amont par l'Autorité contractante.

L'exécution de chaque tranche conditionnelle est subordonnée à une décision de l'Autorité contractante notifiée au titulaire dans les conditions fixées au marché.

L'Autorité contractante est engagée sur la tranche ferme du marché. En revanche, elle n'est pas engagée sur les tranches conditionnelles et peut décider de ne pas les affermir.

Le titulaire du marché est, quant à lui, engagé sur la totalité des tranches, y compris les tranches conditionnelles dès lors qu'elles sont affermies. Les marchés à tranches conditionnelles permettent de réaliser des programmes subdivisés en différentes étapes.

6.3.2 Exécution du marché à tranches.

6.3.2.1 L'exécution de la tranche ferme.

L'Autorité contractante étant engagée sur la tranche ferme du marché, elle doit donc veiller à ce que celle-ci puisse être exécutée (crédits suffisants, etc.).

L'exécution de la tranche ferme suit les prescriptions définies dans les documents du marché.

6.3.2.2 Exécution des tranches conditionnelles.

a. Affermissement des tranches conditionnelles.

L'exécution de chaque tranche conditionnelle est subordonnée à une décision de l'Autorité contractante, notifiée au titulaire dans les conditions fixées au marché.

L'Autorité contractante n'est pas dans l'obligation d'affermir la ou les tranche(s) conditionnelle(s). Elle peut y renoncer pour des motifs financiers, techniques ou en raison de la disparition du besoin ou d'une mauvaise exécution de la tranche précédente.

Si l'Autorité contractante décide d'affermir une tranche, cette décision doit être notifiée au titulaire, qui devra alors exécuter la tranche dans les conditions prévues par les documents du marché.

La décision d'affermissement est une décision expresse et unilatérale prise par l'Autorité contractante. Elle peut prendre, dans les marchés de travaux, la forme d'un ordre de service. L'affermissement doit porter sur la totalité de la tranche concernée.

b. Délai d'affermissement.

Le délai d'affermissement de la tranche ou des tranches conditionnelle(s) doit être prévu dans le marché, un délai raisonnable d'affermissement pour chacune ou pour l'ensemble des tranches conditionnelles afin de ne pas porter tort aux titulaires qui immobilisent des moyens pour répondre à l'exécution de ces tranches.

Le fait de fixer un délai raisonnable d'affermissement évite que les candidats ne répercutent sur leur prix l'anticipation des coûts d'immobilisation à supporter. Si le marché prévoit un délai d'affermissement des tranches conditionnelles, l'Autorité contractante doit s'y conformer.

Une fois un délai d'affermissement dépassé, le titulaire est désengagé de l'exécution de la tranche concernée. En l'absence d'une mention au marché, l'Autorité contractante peut limiter la possibilité d'affermir les tranches conditionnelles à une durée de validité du marché qu'elle aura fixée.

Ainsi, le titulaire est engagé pour l'ensemble des tranches du marché et ses obligations envers l'Autorité contractante ne cessent qu'au terme du délai de validité du marché.

Une tranche conditionnelle non assortie d'un délai spécifique d'affermissement peut être affermie à tout moment, pendant la durée de validité du marché, sans que le titulaire ne puisse valablement s'y opposer.

Sauf volonté contraire de l'Autorité contractante, la durée de validité du marché ne doit pas pouvoir être regardée comme interdisant ou restreignant l'exécution des prestations au-delà de son terme.

c. Indemnisation du titulaire en cas de non-affermissement ou d'affermissement avec retard.

Les codes des marchés souvent ne déclinent pas la possibilité d'une indemnisation en cas de non-affermissement ou d'affermissement avec retard. Cependant, le marché peut prévoir que, lorsqu'une tranche conditionnelle est affermie avec retard ou n'est pas affermie, le titulaire bénéficie d'une indemnité d'attente ou d'une indemnité pour préjudice subi, il s'agit d'une simple faculté pour l'Autorité contractante.

L'inscription dans le Dossier d'appel d'offres de la possibilité de payer des indemnités d'attente permet aux Candidats de proposer des prix plus attractifs pour compenser les coûts fixes supportés par le titulaire et qui sont liés au déploiement du chantier et à l'immobilisation des moyens nécessaires à l'exécution des travaux.

En l'absence d'affermissement d'une tranche conditionnelle à la date limite prévue, le titulaire se trouve dégagé de toute obligation pour cette tranche et pour les tranches ultérieures, sauf si le marché prévoit l'octroi d'une indemnité d'attente et le délai pendant lequel cette indemnité est due.

En cas de retard, il en résulte des frais supplémentaires pour le titulaire qui doit immobiliser du matériel ou du personnel, temporairement inemployé ou mal employé. Il est alors possible de prévoir une indemnité d'attente pour les marchés n'impliquant pas la mise en œuvre d'installations de chantiers ou l'immobilisation de matériels importants ou onéreux à déplacer.

d. Période d'attente et affermissement d'une tranche.

La période d'attente commence à la date limite, prévue par le marché, pour l'affermissement de la tranche conditionnelle considérée. Cette date est fixée en fonction de la nature des prestations à réaliser et du calendrier d'exécution.

En général, elle doit être antérieure à la date prévue comme terme du délai d'exécution de la précédente tranche, de manière à permettre une réalisation continue des prestations.

La fixation d'un délai maximum pendant lequel l'indemnité d'attente est due correspond au fait qu'au-delà d'un certain retard, le coût des immobilisations improductives devient supérieur au coût du redéploiement des moyens de production. Avant que ce délai ne soit écoulé, l'Autorité contractante doit choisir entre l'affermissement de la tranche conditionnelle et son abandon explicite.

La date ainsi fixée marque, à la fois, le terme au-delà duquel l'entreprise ne reçoit plus une indemnité d'attente et le terme des engagements conditionnels réciproques. Son importance est donc très grande dans l'équilibre du contrat ; plusieurs hypothèses doivent figurer dans le marché :

- si un ordre de service notifie au titulaire l'affermissement ou l'abandon d'une tranche avant le début de la période d'attente, aucune indemnité d'attente n'est due ;
- si un ordre de service notifie au titulaire l'affermissement ou l'abandon d'une tranche entre le début et la fin de la période maximale d'attente, l'indemnité est appliquée depuis le début de la période d'attente jusqu'à la date de cette notification ;
- si, à la fin de la période d'attente, l'Autorité contractante ne notifie aucune décision, la tranche conditionnelle est considérée comme abandonnée.

e. <u>Fixation d'une indemnité d'attente pour affermissement.</u>

Le montant journalier ou mensuel de l'indemnité d'attente et ses conditions de versement doivent figurer dans le marché. En cas d'appel d'offres, le règlement il doit être précisé si ce montant est fixé par l'Autorité contractante (auquel cas il sera indiqué) ou s'il doit être déterminé par le Candidat dans son offre. Le mandatement de l'indemnité d'attente n'a pas à être réclamé par le titulaire. Il est conseillé de prévoir dans le marché que :

- si la période d'attente n'excède pas trois mois, le mandatement est effectué dans le mois suivant la fin de la période d'attente ;
- si la période d'attente excède trois mois, le mandatement est effectué au moins tous les mois après le début de cette période.

f. Conséquence de l'absence d'affermissement d'une tranche.

Diverses raisons peuvent conduire l'Autorité contractante à ne pas affermir une ou plusieurs tranches conditionnelles :

- une condition financière (défaut des crédits escomptés) ;
- une condition technique (caractère insuffisamment fructueux des études menées ou difficultés imprévues) ;
- ou l'évolution des besoins (changements de l'attente des utilisateurs), etc.

En général, ce droit de ne pas affermir une tranche, ainsi ouvert à l'Autorité contractante, entraîne un risque pour les Candidats qui peuvent chercher à se couvrir par une majoration de leurs prix.

C'est pourquoi les marchés à tranches conditionnelles doivent comporter des dispositions telles que ni l'Autorité contractante ni le Candidat ne subissent un préjudice si l'affermissement des tranches successives n'est pas réalisé comme cela avait été prévu initialement.

Ainsi le marché doit généralement prévoir, au moyen de compensations financières sous la forme d'une indemnité pour préjudice subi, l'indemnisation des charges que le titulaire aurait à subir du fait de l'abandon d'une ou plusieurs tranches conditionnelles.

g. Paiement d'une indemnité pour préjudice subi.

Le titulaire subit un préjudice en cas d'abandon d'une ou plusieurs tranches conditionnelles, chaque fois qu'il a engagé des dépenses relatives aux tranches non affermies, alors que des prix ont été fixés pour chacune des tranches comme si l'ensemble de l'opération était engagé en une seule fois. C'est notamment le cas lorsque le titulaire :

- a passé à ses fournisseurs, pour obtenir de meilleurs prix, certaines commandes d'approvisionnement portant sur la totalité des tranches, plutôt que d'exécuter des commandes tranche par tranche ;
- a autofinancé certains frais fixes (installations de chantiers) et prévu d'amortir ces frais fixés sur l'ensemble des tranches fermes et conditionnelles, plutôt que sur la seule tranche ferme ;
- a proposé, pour chacune des tranches successives, un prix moyen correspondant au coût moyen de l'ensemble des tranches et non pas des prix dégressifs reflétant la réduction, des coûts de revient, due à l'effet de série.

Dans ces différents cas, dont la liste n'est pas exhaustive, l'abandon d'une ou plusieurs tranches conditionnelles rompt l'équilibre du marché et doit donner lieu à une indemnisation dont le montant du préjudice subi doit figurer dans le marché. En cas d'appel d'offres, le règlement de consultation doit préciser comment est fixé ce montant, soit par l'Autorité contractante, soit sur proposition du Candidat.

h. <u>Montant de l'indemnité pour préjudice subi</u>

La nature et le montant de l'indemnité pour préjudice subi dépendent des risques correspondant à chaque type de marché. L'indemnité pour préjudice subi couvre les approvisionnements excédentaires lancés ou déjà réalisés à la date de décision d'abandon de la tranche, dans la mesure où ces approvisionnements ne peuvent pas être utilisés à d'autres fins.

L'importance de ces approvisionnements excédentaires dépend non seulement de la date de la décision (explicite ou non) d'abandon, mais également des conditions dans lesquelles le titulaire les a lancés. Il en résulte qu'il n'est pas possible de fixer dans le marché un montant forfaitaire pour cette indemnité, mais seulement un montant plafond, tenant compte d'éléments prévisionnels.

**** ***

CHAPITRE VII
SOUS-TRAITANCE DANS LES MARCHÉS PUBLICS

7.1 DÉFINITION DE LA SOUS-TRAITANCE.

La sous-traitance est l'opération par laquelle une Entreprise titulaire du marché public confie par un sous-traité, et sous sa responsabilité, à une autre personne appelée sous-traitant, l'exécution d'une partie du marché public conclu avec un Maître d'ouvrage.

La sous-traitance constitue un vrai choix stratégique pour celui qui fait appel à une autre entreprise, afin de lui confier une partie de son contrat.

Pour la réalisation de certaines tâches d'un marché, lorsqu'il ne possède pas en interne les ressources nécessaires, le titulaire, avec l'accord préalable de l'Autorité contractante sous le guidage éclairé du Maître d'ouvrage délégué ou du maître d'œuvre, peut faire appel à une ou plusieurs autres entreprises.

Le sous-traitant n'est pas le titulaire du marché, encore moins le cotraitant, puisqu'il n'est pas passé un contrat directement avec l'Autorité contractante. Il est passé un contrat de droit privé avec le titulaire du marché.

La sous-traitance implique donc la conclusion de deux contrats distincts :

- **un contrat principal de droit public**, le marché public conclu, entre le titulaire et une Autorité contractante ;

- **un contrat de droit privé** de sous-traitance (ou sous-traité) conclu entre l'Entrepreneur principal et une autre entreprise (sous-traitant).

La sous-traitance instaure donc une relation triangulaire entre l'Autorité contractante, le titulaire et le sous-traitant.

7.1.1 Le marché principal ou premier maillon

Le marché principal est le premier maillon de la relation triangulaire consécutive à la sous-traitance, il peut être défini comme le contrat passé entre une Autorité contractante et un titulaire d'un marché de travaux.

Ce caractère principal trouve son fondement dans le contrat qui lie exclusivement le titulaire à l'Autorité contractante et qui implique l'obligation personnelle du titulaire d'exécuter le contrat, sans pour autant interdire la sous-traitance.

7.1.1.1 Relations entre l'Autorité contractante et le titulaire du marché principal.

Le titulaire (du marché principal) par opposition au contrat de sous-traitance qualifié (de marché secondaire) demeure personnellement, le seul responsable devant l'Autorité contractante, de l'exécution de toutes les obligations résultant du marché, qu'elles soient assurées par lui ou par un sous-traitant, ainsi que des actes, défaillance ou négligence du sous-traitant, de ses représentants.

Cette responsabilité personnelle trouve son fondement dans le contrat qui lie le titulaire à l'Autorité contractante et qui implique l'obligation d'exécution personnelle du contrat, sans pour autant interdire le recours à la sous-traitance.

Ainsi, il n'existe aucun lien contractuel entre le maître d'ouvrage et le sous-traitant.

7.1.2 Le contrat de sous-traitance.

C'est une convention de droit privé qui permet à un entrepreneur de faire exécuter une partie de son marché par un tiers. Par définition, le lien contractuel se situe uniquement entre l'entrepreneur principal et son sous-traitant et non pas entre le maître d'ouvrage et le sous-traitant.

Le contrat de sous-traitance décrit les droits et obligations respectifs auxquels s'engagent le titulaire du marché et le sous-traitant l'un envers l'autre ainsi que les conditions financières notamment le prix, les pénalités ou indemnisations éventuelles.

La forme et les mentions du contrat de sous-traitance ne sont pas réglementées.

Pour sous-traiter une partie de l'exécution d'un marché public, les entreprises peuvent donc librement rédiger le contrat de sous-traitance, mais des précautions s'imposent. Il faut notamment :

- se mettre d'accord sur les prestations, leur prix et les paiements ;
- s'assurer de l'acceptation du sous-traitant par le Maître d'ouvrage;
- exiger des attestations d'assurance couvrant les responsabilités du sous-traitant ;
- formaliser ces accords dans un contrat écrit.

Il convient de noter que l'on ne peut sous-traiter la totalité d'un marché. La limite du pourcentage à ne pas dépasser est souvent définie par voie réglementaire. Le principe couramment admis impose de ne pas dépasser un certain pourcentage du montant du marché principal.

7.2 LES AVANTAGES DE LA SOUS-TRAITANCE.

La sous-traitance présente des avantages pour chacune des parties de cette relation triangulaire.

7.2.1 Avantages pour titulaire du marché principal.

Dans le cadre d'une sous-traitance, le titulaire du marché, s'adjoint des compétences et capacités tout en restant seul titulaire du marché et responsable de l'exécution des prestations. Donc c'est lui seulement qui est en relation directe avec l'Autorité contractante.

7.2.2 Avantages pour le sous-traitant.

Le sous-traitant accepté et dont les conditions de paiement sont acceptées peut disposer de la garantie que constitue le paiement direct des prestations exécutées dans le cadre de son contrat de sous-traitance. Il peut aussi donner en nantissement à concurrence des sommes qui lui reviennent les créances qu'il détient par rapport à la partie du marché qui lui a été sous-traité et dont les conditions de paiement ont été acceptées.

7.2.3 Les avantages pour l'Autorité contractante.

L'Autorité contractante (ou Maître d'ouvrage) conserve un interlocuteur unique, l'entreprise principale, responsable de l'exécution du marché. Si elle accepte le sous-traitant et agrée ses conditions de paiement, elle peut demander la communication du contrat de sous-traitance par l'entreprise principale. Elle peut refuser un sous-traitant, lorsque son intervention est de nature à nuire à la bonne exécution du marché, elle doit toutefois, motiver ce refus.

7.3 CHAMP D'APPLICATION DE LA SOUS-TRAITANCE.

Seuls, les marchés publics de travaux, de services ou les marchés clé en main peuvent être partiellement sous-traités. Un marché de fournitures simples ne peut être sous-traité.

Un fournisseur qui procure à une Entreprise principale que de simples fournitures comme des matériaux standardisés ne peut être considéré comme sous-traitant.

Par contre, si celui-ci participe à l'exécution du marché principal en appliquant à ses fournitures des spécificités techniques particulières, imposées par l'Entrepreneur principal, il a qualité de sous-traitant.

Une sous-traitance peut porter sur la réalisation de travaux ou de prestations intellectuelles (par exemple, marchés de maîtrise d'œuvre) ; ou des services (transports, entretien, maintenance gardiennage, nettoiement, etc.).

7.3.1 Prohibition de la sous-traitance totale.

La loi interdit de sous-traiter l'intégralité d'un marché public ; un titulaire de marché public de travaux ou services physiques ne peut sous-traiter que l'exécution de certaines parties du marché.

Il est généralement admis qu'une sous-traitance peut se faire jusqu'à concurrence de 40% du montant global du marché en recourant en priorité à de petites et moyennes entreprises à condition d'avoir obtenu l'accord préalable de l'Autorité contractante.

7.4 MISE EN ŒUVRE DE LA SOUS-TRAITANCE.

7.4.1 Mise en œuvre de la sous-traitance par le titulaire

L'entrepreneur qui entend exécuter un contrat de marché public en recourant à un ou plusieurs sous-traitants doit, au moment de la conclusion du contrat et pendant toute la durée du marché, faire accepter chaque sous-traitant et agréer les conditions de paiement de chaque contrat de sous-traitance par le maître de l'ouvrage.

L'entrepreneur principal est tenu de communiquer le contrat de sous-traitance au Maître d'ouvrage lorsque celui-ci en fait la demande. Lorsque, le sous-traitant n'aura pas été accepté, encore moins, ses conditions de paiement agréées, l'entrepreneur principal reste néanmoins tenu envers le sous-traitant.

Un titulaire de marché public « peut sous-traiter l'exécution de certaines parties de son marché à condition d'avoir obtenu de l'Autorité contractante l'acceptation de chaque sous-traitant et l'agrément de ses conditions de paiement ». Il est défini trois périodes où peut intervenir la présentation du sous-traitant par le titulaire : au moment du dépôt de l'offre ou de la proposition ; après le dépôt de l'offre ou postérieurement à la notification du marché.

7.4.2 Mise en œuvre de la sous-traitance par l'Autorité contractante

L'Autorité contractante doit accepter le sous-traitant et agréer ses conditions de paiement. Ces deux volets constituent des formalités indissociables et obligatoires. L'acceptation du sous-traitant et l'agrément de ses conditions de paiement interviennent avant tout début d'exécution de la prestation sous-traitée.

Le titulaire du marché fournira, pour présenter chaque sous-traitant à l'Autorité contractante, une « déclaration de sous-traitance » (*suivant les modèles de contrats basés sur les bonnes pratiques et respectant l'équilibre des relations contractuelles.)*

Cette déclaration est donc signée par l'Entrepreneur principal et le sous-traitant et ensuite par l'Autorité contractante. Le Candidat à un marché public qui décide de recourir à la sous-traitance peut le faire au moment du dépôt de son pli ou en cours d'exécution du marché.

Si l'Autorité contractante a connaissance de l'intervention d'un sous-traitant alors que celui-ci ne lui a pas été déclaré (et donc accepté), elle doit immédiatement faire cesser cette intervention et demander au titulaire de procéder aux opérations de déclaration du sous-traitant.

La même règle s'applique dans l'hypothèse où le sous-traitant aurait présenté directement à l'Autorité contractante une demande d'acceptation aux fins de pallier la négligence ou la mauvaise volonté de l'entreprise principale.

7.5 ACCEPTATION DU SOUS-TRAITANT.

L'Autorité contractante doit accepter le sous-traitant et agréer ses conditions de paiement ; ces deux volets constituent des formalités indissociables et obligatoires.

L'acceptation du sous-traitant a pour vocation de protéger les intérêts de l'Administration en permettant à l'Autorité contractante de connaître l'opérateur économique auquel le titulaire envisage de confier une partie de l'exécution du marché.

L'acceptation du sous-traitant est l'occasion de vérifier que les prestations que le titulaire envisage de sous-traiter peuvent effectivement faire l'objet d'un contrat de sous-traitance.

Cette connaissance du sous-traitant peut aussi amener l'Autorité contractante à refuser sa participation au projet de construction, si son intervention est de nature à nuire à sa bonne exécution.

L'acceptation, le refus, voire dans des cas exceptionnels, le retrait d'acceptation sont des actes discrétionnaires, qui n'ont pas à être motivés par l'Autorité contractante.

7.5.1 Acceptation avant la conclusion du contrat.

L'acceptation du sous-traitant peut être demandée au moment de la soumission des offres ; elle peut intervenir aussi après l'attribution provisoire, s'il n'y a eu aucun recours.

Le titulaire établit en outre qu'aucune cession (ou nantissement) de créances ne fait obstacle au paiement direct du sous-traitant, en 'produisant soit l'exemplaire unique ou le certificat de cessibilité du marché qui lui a été délivré, soit une mainlevée du bénéficiaire de la cession ou du nantissement de créances.

Il est donné au titulaire d'un marché public, la possibilité de sous-traiter l'exécution de certaines parties à condition d'avoir obtenu de l'Autorité contractante, l'acceptation de chaque sous-traitant et l'agrément de ses conditions de paiement.

Le pourcentage autorisé pour la sous-traitance d'un marché ne peut excéder 40% du montant du marché et doit concerner des spécialités ou des procédés dont ne dispose pas l'entreprise principale. Il ne s'agit point de confier à l'entreprise des travaux ou au Prestataire de services intellectuels obligatoirement 40% du montant d'un marché.

Lorsque, le sous-traitant n'aura pas été accepté et ses conditions de paiement non agréées par l'Autorité contractante, le titulaire reste tenu envers son sous-traitant.

7.5.2 <u>L'acceptation après la conclusion du marché.</u>

Dans le cas où la demande d'acceptation d'un sous-traitant est présentée après la conclusion du contrat, le titulaire du marché remet, soit contre récépissé à l'Autorité contractante, par lettre recommandée avec accusé de réception, une déclaration spéciale.

La déclaration spéciale remise par le titulaire devra contenir les éléments suivants :

- la nature des prestations dont la sous-traitance est prévue ;
- le nom, la raison ou la dénomination sociale et l'adresse du sous-traitant ;
- le montant prévisionnel maximum des sommes à payer directement au sous-traitant ; la notion de « montant maximum » se définit ici hors impact d'une variation de prix, actualisation ou révision.
- une déclaration du sous-traitant indiquant qu'il n'est pas sous le coup d'une interdiction d'accéder aux marchés publics ;
- les modalités de variation de prix au cas où la partie par lui exécutée dépasserait une année ;
- les modalités de règlement de ces sommes ;
- les conditions de paiement prévues par le projet de contrat de sous-traitance, et le cas échéant, celles de variation de prix.

Si le sous-traitant doit bénéficier du paiement direct, cela est constaté par un acte spécial de sous-traitance.

7.6 AGRÉMENT DES CONDITIONS DE PAIEMENT DU SOUS-TRAITANT.

L'agrément des conditions de paiement constitue, grâce à la possibilité de communiquer le contrat de sous-traitance, un moyen pour l'Autorité contractante de constater si les rapports entre sous-traitant et titulaire sont équilibrés. Cet agrément ne doit pas conduire l'Autorité contractante à s'immiscer dans les relations de droit privé entre le titulaire et le sous-traitant.

Si la demande de sous-traitance intervient au moment, du dépôt de l'offre, la notification du marché au titulaire dont la proposition de sous-traiter une partie du marché aura fait l'objet d'une analyse, emporte acceptation et agrément des conditions de paiement.

Si la demande est présentée après le dépôt de l'offre ou dans le cas où le besoin de sous-traitance a été exprimé au cours de l'exécution du marché, l'acceptation et l'agrément des conditions de paiement sont alors constatés par un acte spécial écrit signé par l'Autorité contractante et le titulaire.

A défaut de l'existence cumulative d'une acceptation du sous-traitant et d'un agrément de ses conditions de paiement, la sous-traitance n'est pas valablement établie, aucun texte ni aucune jurisprudence n'exige la contre-signature de l'acte spécial par le sous-traitant.

7.6.1 Annotation de l'acte de sous-traitance.

Les codes des marchés publics visités ne prévoient pas d'acceptation tacite pour un sous-traitant même si la demande a été faite explicitement. Il importe donc de faire les relances nécessaires pour son acceptation. C'est dans l'intérêt de l'Autorité contractante d'accepter un sous-traitant qualifié dès lors qu'il concourt à la réalisation de l'ouvrage en y apportant un plus, son savoir-faire.

Une fois que les parties se seraient entendues sur les conditions d'acceptation de la sous-traitance, l'acte est transmis avec un exposé des motifs relatif à l'acceptation de cette sous-traitance à la Direction en charge du Contrôle des marchés publics qui devra par ce biais constater et approuver cet acte spécial de sous-traitance.

Dès que de l'acte spécial constatant l'acceptation du sous-traitant et l'agrément, les conditions de paiement seront visées et annotées, l'Autorité contractante notifie ensuite au titulaire et au sous-traitant concerné l'exemplaire de l'acte spécial qui lui revient.

Le passage à la Direction en charge du Contrôle des marchés publics est une obligation dès lors que ce qui lie les parties va subir une modification et rendre possible le paiement direct de l'Entreprise principale par le biais de l'Autorité contractante.

7.7 LE CONTENU DE L'ACTE SPÉCIAL DE SOUS-TRAITANCE.

Pour que le Maître d'ouvrage puisse accepter le sous-traitant, le contrat de sous-traitance doit, indiquer l'identité de ce dernier, la nature et la quantité des prestations qu'il exécutera. Le titulaire devra aussi présenter les capacités professionnelles et financières du sous-traitant.

Le sous-traitant doit bien évidemment justifier au titulaire qu'il n'entre pas dans une des situations lui interdisant l'accès aux marchés publics.

Pour l'agrément des conditions de paiement du sous-traitant, l'acte spécial devra préciser le montant des sommes maximales qui lui seront payées et les modalités de règlement de ces sommes.

7.7.1 Établissement de l'Acte spécial de sous-traitance.

L'acte spécial de sous-traitance n'est signé que par le titulaire du marché et l'Autorité contractante, et non par le sous-traitant. La signature de ce dernier n'apparaît en effet que sur le contrat de sous-traitance, contrat de droit privé régissant ses relations avec le titulaire, donneur d'ordre.

L'acte spécial de sous-traitance est donc signé par le titulaire du marché et, si le sous-traitant est accepté et ses conditions de paiement agréées, il est également signé par l'Autorité contractante ou le Maître d'ouvrage.

Le titulaire est le seul responsable de l'exécution de toutes les obligations résultant du marché. Il n'y a pas aucune relation directe entre l'Autorité contractante et le sous-traitant. Le sous-traitant n'étant pas, partie au marché public, les conditions particulières du marché public (CCAP notamment) ne lui sont pas directement applicables.

Seules sont applicables les dispositions prévues par le contrat de sous-traitance d'une part, et les conditions prévues à l'acte spécial d'autre part. L'Autorité contractante ne peut intervenir directement sur le contenu du contrat de sous-traitance.

L'acte spécial de sous-traitance précise la nature des prestations de l'acte de sous-traitance, le nom, la raison ou la dénomination sociale et l'adresse du sous-traitant, le montant maximal des sommes à payer directement, les modalités de leur règlement et, le cas échéant, les modalités de variation de prix ainsi que les capacités professionnelles et financières du sous-traitant.

L'Acte spécial de sous-traitance ne comporte pas nécessairement toutes les mentions du contrat de sous-traitance, lesquelles entrent dans la relation de droit privé entre le titulaire et son sous-traitant.

Lors de l'établissement de l'acte spécial de sous-traitance, il est conseillé au sous-traitant, à l'Entrepreneur principal et à l'Autorité contractante de prêter une attention particulière à la cohérence entre les dispositions du contrat de sous-traitance, celles de l'acte spécial, et les conditions particulières du marché.

L'établissement de l'Acte spécial de sous-traitance peut être fait à partir **du modèle d'acte spécial de sous-traitance (voir Annexe n° 3)**, qui n'est qu'une indication et ne possède aucun caractère obligatoire. Il y a une étroite corrélation entre les dispositions du CCAP et les clauses de l'Acte spécial de sous-traitance, il convient dès lors d'accorder une attention particulière à la rédaction de cet acte. Pour en cerner les contours, il sera passé en revue différents aspects du CCAP par rapport à la sous-traitance.

7.7.1.1 Acte spécial de sous-traitance et avance de démarrage.

L'obligation de prévoir une avance pour le sous-traitant est fonction du montant total et de la durée du marché et non pas du montant et de la durée d'exécution de la seule part réalisée par lui. Ce sont les conditions du marché qui déterminent l'obligation de prévoir une avance, qu'il s'agisse du titulaire ou du sous-traitant.

Ainsi, un sous-traitant qui n'intervient dans le cadre d'un marché est en droit de prétendre à une avance sur la part qu'il réalise ; que l'exécution soit inférieure ou supérieure à un an. L'avance est calculée sur le montant des prestations à réaliser et ne devrait excéder 20% de ce montant.

7.7.1.2 Acte spécial de sous-traitance et retenue de garantie.

Le Code des marchés publics ne prévoit de retenue de garantie qu'à la charge du titulaire. En conséquence, l'Autorité contractante n'a pas à appliquer une retenue de garantie au sous-traitant. Du reste, il ne peut en être autrement, dès lors qu'il n'est pas partie prenante au contrat entre l'Autorité contractante et le titulaire du marché principal.

7.7.1.3 Acte spécial de sous-traitance et pénalités de retard.

Les pénalités sont décomptées sur les sommes à verser au titulaire, seul responsable vis-à-vis de l'Autorité contractante de l'exécution du marché, quand bien même les retards seraient le fait du sous-traitant.

Dans l'hypothèse où toutes les sommes dues au titulaire auraient déjà été réglées avant l'établissement définitif des pénalités de retard, cette circonstance ne fait pas obstacle au paiement du sous-traitant pour l'intégralité du montant qui lui est dû. Il appartient alors à l'Autorité contractante d'émettre, un ordre de recettes, à l'encontre du titulaire, pour recouvrer les pénalités.

Concernant les modalités de paiement, le sous-traitant ne peut se prévaloir auprès de l'Autorité contractante du contrat qui le lie à son Entrepreneur principal (le titulaire) et auquel elle n'est pas partie.

De même, l'Autorité contractante ne peut opposer au sous-traitant des dispositions du marché initial, sauf si l'acte spécial en dispose autrement notamment en ce qui concerne les modalités de paiement prévues par un CCAP.

Dès lors, si l'acte spécial de sous-traitance prévoit l'application de pénalités sur le sous-traitant, le comptable doit exécuter les dispositions prévues.

7.7.1.4 Acte sous-traitance et variation de prix.

Concernant les variations de prix, le montant des sommes à payer au sous-traitant doit être établi de manière que le paiement direct puisse prendre en compte les conditions financières qui sont consenties au titulaire du marché, notamment celles relatives à l'actualisation et à la révision. À défaut d'une 'indication dans le document validé par l'Autorité contractante, le sous-traitant ne peut prétendre au paiement direct des sommes dues du fait de ces variations.

7.7.1.5 Acte spécial de sous-traitance et prélèvement de la Taxe sur la valeur ajoutée.

Lorsque le sous-traitant est payé directement, le redevable légal de la TVA imputable est le sous-traitant et non le titulaire, en raison du lien financier direct entre l'Autorité contractante et le sous-traitant.

Les sommes que l'Administration est amenée à verser au sous-traitant ne peuvent excéder le montant du marché passé. L'Autorité contractante est nécessairement informée du montant maximum des sommes à verser par paiement direct au sous-traitant, il peut donc vérifier si l'acceptation du sous-traitant entraînerait un dépassement du prix du marché.

La signature par l'Autorité contractante de l'acte spécial prévu, ne peut être considérée comme une acceptation de l'augmentation éventuelle du prix du marché résultant mécaniquement du paiement des prestations.

L'Autorité contractante réduira, à due concurrence du surplus de Taxe sur la Valeur Ajoutée (TVA) qui aura été versé au sous-traitant, les sommes dues au titulaire après décompte final. Dans le cas où le décompte final ferait apparaître un trop-perçu par le titulaire, l'Administration sera fondée à constater le trop-perçu et à émettre un "ordre de recettes", à son encontre.

7.8 NOTIFICATION ACCEPTATION DE L'AGRÉMENT AU SOUS-TRAITANT.

Une copie de l'original du marché ou, le cas échéant, de l'acte spécial revêtue de la mention d'exemplaire unique est remise à chaque sous-traitant bénéficiant du paiement direct. Ce document définit lui seul et agrée, les conditions de paiement du sous-traitant.

La conséquence de l'acceptation et de l'agrément des conditions de paiement du sous-traitant est le paiement direct pour la part du marché dont il assure l'exécution.

Le droit au paiement direct a été institué pour protéger le sous-traitant d'une éventuelle défaillance du titulaire. Cette disposition est d'ordre public. L'Autorité contractante procède au règlement du sous-traitant dans une double limite :

- en prélevant ces sommes sur le montant du marché principal, lequel constitue une limite absolue qui n'est revalorisée que par avenant ;
- en restant dans les limites du montant des prestations l'acte de sous-traitances fixées par le marché ou l'acte spécial de sous-traitance.

7.9 GESTION DE L'ACTE SPÉCIAL DE SOUS-TRAITANCE.

7.9.1 Le paiement direct du sous-traitant agrée.

Un sous-traitant peut obtenir directement de l'Autorité contractante, avec accord du titulaire du marché, le règlement des travaux, fournitures ou services dont il a assuré l'exécution et qui n'ont pas déjà donné lieu à paiement au profit du titulaire.

Le titulaire du marché doit revêtir de son acceptation les attachements en sus des titres de paiement émis en règlement des travaux, fournitures ou services exécutés par le sous-traitant comme s'ils l'étaient par lui-même.

Les paiements au sous-traitant bénéficiaire du droit au paiement direct s'effectuent dans les conditions et limites résultant de l'acte spécial de sous-traitance, qui reflète l'engagement l'Autorité contractante.

7.9.2 Modifications des prestations et Acte de sous-traitance

Des modifications peuvent notamment intervenir lors d'un changement dans la répartition des prestations entre le titulaire et le ou les sous-traitants ou entre des sous-traitants en cas de travaux supplémentaires ou de sujétions imprévues.

Concernant les travaux supplémentaires, le sous-traitant les réalise avec ou sans ordre de service :

- dans le cas où le sous-traitant a réalisé ces travaux sur ordre de service du titulaire du marché public, il appartient à ce dernier de faire régulariser la situation avec l'Autorité contractante par voie d'avenant, afin d'en obtenir le paiement direct ;
- à défaut d'ordre de service, le sous-traitant pourra toutefois, obtenir le paiement, à condition d'apporter la preuve que ces travaux étaient indispensables aux prestations principales.

7.10 SANCTION DU DÉFAUT DE PRÉSENTATION DU SOUS-TRAITANT

La méconnaissance de ses obligations en matière de déclaration de ses sous-traitants peut entraîner la résiliation du marché aux torts exclusifs du titulaire. Le titulaire du marché reste intégralement tenu, envers son sous-traitant non accepté, par les termes du contrat de sous-traitance et il doit s'acquitter de ses obligations contractuelles, notamment financières. L'absence d'acte spécial de sous-traitance signé des deux parties (Autorité contractante et titulaire du marché) est opposée au sous-traitant irrégulier.

Aucune acceptation et donc aucun droit au paiement direct ne peut intervenir sans une déclaration de sous-traitance par le titulaire. En cas de déclaration tardive, le sous-traitant n'a droit qu'au paiement des prestations réalisées postérieurement à son acceptation. En effet, un sous-traitant ne peut en effet prétendre au paiement direct que pour les prestations réalisées après son acceptation et l'agrément de ses conditions de paiement.

7.10.1 En matière de marchés de travaux :

«Le recours à la sous-traitance, sans acceptation préalable du sous-traitant et sans agrément préalable des conditions de paiement », expose l'Entreprise titulaire du marché public à l'application des mesures prévues pour la résiliation pour faute du titulaire.

7.10.2 En matière de marchés de prestations intellectuelles :

Pour les prestations de services intellectuels importants" Actions du Consultant nécessitant l'approbation préalable de l'Autorité contractante, le Consultant est tenu d'obtenir, par écrit, l'approbation préalable avant de sous-traiter l'exécution d'une partie des prestations.

Si l'Autorité contractante estime qu'un quelconque sous-traitant est incompétent ou incapable d'exécuter ses tâches, elle peut demander son remplacement par un autre ayant des compétences et expériences jugées acceptables.

7.11 SOUS-TRAITANCE ET AUTRES CONTRATS.

Le contrat de sous-traitance se distingue des contrats de vente, de location ou de dépôt, car il comporte une obligation de faire et de réaliser l'objet du contrat et non une simple obligation de donner.

7.11.1 Contrat de sous-traitance et contrat de mandat.

Le contrat de sous-traitance est différent du contrat de mandat, lequel a pour objet la représentation d'une personne par une autre qui agit au nom et pour le compte de la première.

Dans le contrat de mandat, le mandataire n'est assujetti à aucune des responsabilités contractuelles des constructions alors que le sous-traitant possède la qualité de constructeur.

7.11.2 Contrat de sous-traitance et contrat de travail.

Le contrat de sous-traitance n'est pas non plus assimilable à un contrat de travail, lequel induit un rapport de subordination. Or, si le sous-traitant est tenu d'exécuter un travail déterminé, il décide librement de la manière dont il va accomplir cette mission.

7.11.3 Contrat de sous-traitance et contrat de cotraitance

Le contrat de sous-traitance doit être distingué de celui de la cotraitance. Un contrat de cotraitance est l'acte par lequel deux entreprises ou plus, s'engagent entre elles en vue de soumissionner à un marché public et procéder à son exécution, s'il leur est attribué. La cotraitance est un mode de coopération contractuelle entre entreprises de même rang.

7.12 RESPONSABILITÉS DANS LA SOUS-TRAITANCE ET CONTENTIEUX.

7.12.1 Responsabilités de l'Autorité contractante envers le titulaire et le sous-traitant.

La responsabilité de l'Autorité contractante peut être engagée sur la base contractuelle qui le lie au titulaire, pour inexécution ou mauvaise exécution du marché.

Cette responsabilité ne peut être évoquée par le sous-traitant puisqu'il n'a aucune relation contractuelle avec l'Autorité contractante.

Cela étant, l'Autorité contractante qui aurait eu connaissance d'une sous-traitance irrégulière sans mettre en demeure le titulaire de régulariser la situation pourrait voir sa responsabilité engagée.

7.12.2 Responsabilités du titulaire envers l'Autorité contractante et le sous-traitant.

Le titulaire est donc seul responsable devant l'Autorité contractante de la bonne exécution du marché. En conséquence, il répond des fautes ou malfaçons commises par son sous-traitant. En tout état de cause, le titulaire ne peut invoquer la faute de son sous-traitant ou appeler sa garantie, afin de diminuer sa propre responsabilité.

Tout manquement par un titulaire à ses obligations envers son sous-traitant est de nature à engager sa responsabilité devant les juridictions compétentes. Ainsi, les litiges entre un sous-traitant et un Entrepreneur principal doivent être portés devant la juridiction judiciaire, malgré le fait que leurs relations sont établies pour l'exécution d'un marché public.

7.12.3 Responsabilités du sous-traitant envers l'Autorité contractante et le titulaire.

Aucun contentieux de nature contractuelle ne peut exister entre l'Autorité contractante et le sous-traitant puisqu'ils ne sont pas liés par un contrat. Ainsi, en l'absence de tout lien contractuel et en dépit de la faculté ouverte au sous-traitant de recevoir directement le règlement des fournitures et travaux exécutés par lui, l'Autorité contractante ne peut lui demander de réparation.

De même, l'absence de lien contractuel entre l'Autorité contractante et le sous-traitant interdit que ce dernier puisse être déclaré solidairement responsable, avec le titulaire du marché public, des désordres constatés. Le sous-traitant n'est pas tenu de la garantie décennale envers l'Autorité contractante, même s'il a signé le procès-verbal de réception définitive des travaux.

7.12.4 Sous-traitance et compétence juridictionnelle

La compétence juridictionnelle dépend de la nature de la relation qui unit les parties au litige. Ainsi, s'agissant des relations entre l'Autorité contractante et le sous-traitant nées du fait de la signature de l'acte de sous-traitance, le Tribunal statuant en matière administrative du lieu d'exécution du marché est compétent pour connaître, de l'action en paiement direct par le sous-traitant contre l'Autorité contractante.

Cette compétence administrative se justifie par le fait que le sous-traitant contribue à l'exécution d'un marché public, relevant lui-même de la compétence administrative.

Par contre, l'action intentée par le sous-traitant à l'encontre de l'Entrepreneur principal relève de la compétence judiciaire, dans la mesure où elle est liée à l'exécution du contrat de sous-traitance, qui relève du droit privé.

CHAPITRE VIII
COTRAITANCE DANS LES MARCHÉS PUBLICS

La "cotraitance", ou encore "Groupement d'Entreprises" est la situation dans laquelle plusieurs Entrepreneurs se mettent ensemble pour mutualiser leurs :

- **moyens** afin d'optimiser ses capacités financières et techniques, et ainsi d'élargir leur périmètre et augmenter la volumétrie des marchés accessibles ;
- **compétences** en misant sur une alliance basée sur une complémentarité de savoir-faire, afin de faire connaître et reconnaître les compétences de leurs entreprises

Il s'agit le plus souvent d'une juxtaposition d'entreprises qui mettent en commun leurs moyens (hommes, matériels, capacité financière et savoir-faire), pour faire ensemble ce que chacun n'a pas les moyens de faire séparément pour un marché donné.

La constitution du groupement nécessite du temps, et repose sur trois piliers que sont les aspects stratégiques, organisationnels et relationnels. Les cotraitants vont donc devoir définir une offre globale, mettre en place une organisation et des règles claires basées sur la confiance. On parle de cotraitance ou de groupement d'entreprises par opposition au groupement permanent comme les sociétés.

La cotraitance peut être assimilée à un Groupement temporaire d'entreprises (GTE) ; contrairement à ce qui se passe dans le cadre d'un groupement permanent, il n'y a pas mise en commun de bénéfices ou de pertes.

8.1 LES DIFFÉRENTES FORMES DE GROUPEMENT.

Le groupement d'entreprises est un mode d'organisation entre opérateurs économiques pour présenter des candidatures solides et accéder directement à un marché public. Il permet à des entreprises de s'unir librement de manière occasionnelle (durée d'un marché), par la simple signature d'une convention, tout en gardant leur indépendance.

Le groupement d'entreprises n'a pas de personnalité juridique. Le groupement d'entreprises n'existe que pour la durée du marché et n'est pas doté de la personnalité morale.

Chaque entreprise membre dispose de la qualité de cocontractant de l'Autorité contractante. Les entreprises dites "en cotraitance" vont être représentées par un mandataire, unique interlocuteur de l'Autorité contractante.

La cotraitance repose donc sur une logique de partenariat. Pour répondre à un marché public les candidats ont donc la possibilité de choisir librement la forme du groupement, dont le mode de fonctionnement leur paraît le plus opportun. Lors de la constitution du groupement, les parties doivent démontrer leur volonté de s'associer.

C'est pourquoi lors de la sélection l'Autorité contractante doit s'entourer du maximum de garanties quant à la solvabilité des différents partenaires. Il faudra surtout éviter le risque de requalification du groupement en société commerciale de fait.

Chaque cotraitant pourrait se voir réclamer la totalité des dettes du groupement. Une fois, les cotraitants identifiés, il est conseillé de respecter un certain nombre d'étapes chronologiques pour que le groupement puisse être reconnu et puisse fonctionner convenablement. Ces étapes chronologiques sont les suivantes :

- signature d'une convention de groupement indiquant clairement, qu'il n'y pas volonté de créer une société : il est conseillé que les entreprises en cotraitance s'accordent sur une convention de groupement qui définit et d'écrit les modes de fonctionnement afin de faciliter la vie opérationnelle du groupement. Elle permet de définir le cadre du partenariat (durée, attributions, responsabilités et obligations, éthique des partenaires, compétences associées) ;
- désigner le mandataire, définir son rôle, ses attributions et ses responsabilités, en qualité de seul interlocuteur de référence, de l'Autorité contractante. La présentation du groupement est faite au stade de la candidature : tous les membres du groupement doivent fournir les documents demandés pour présenter une candidature au nom du groupement.

Les cotraitants peuvent se mettre ensemble en groupement :

Conjoint quand chaque « cotraitant » n'est tenu qu'à hauteur des prestations qu'il s'engage à exécuter ;

Solidaire quand chaque cotraitant est solidaire pour la globalité de la prestation. La défaillance d'un "cotraitant" entraîne la responsabilité des autres cotraitants dans la réalisation de la prestation ;

Conjoint avec mandataire solidaire quand seul le mandataire du groupement est solidaire de l'exécution du contrat vis-à-vis de chaque cotraitant.

Les entreprises peuvent être ensemble dans le cadre d'un groupement conjoint ou d'un groupement solidaire. Un groupement au sens premier du terme ne peut donc à la fois être conjoint et solidaire.

8.1.1 Groupement conjoint.

Le groupement est dit conjoint lorsque chacun des opérateurs économiques membres du groupement s'engage à exécuter la ou les prestations qui sont susceptibles de lui être attribuées dans le marché. Chaque entreprise n'est responsable que du lot qui lui revient.

Les différents cotraitants ne sont pas tenus de réparer les fautes commises par l'un d'entre eux ni de supporter les conséquences de leur éventuelle défaillance. Il n'y a pas de solidarité entre les opérateurs économiques.

Seul le mandataire commun doit répondre, devant l'Autorité contractante, du bon achèvement des prestations et pallier les défaillances de ses partenaires.

En cas de groupement conjoint, l'acte d'engagement est un document unique qui indique le montant, la répartition détaillée des prestations que chacun des membres du groupement s'engage à exécuter. Le groupement d'entreprises conjointes est le type de groupement le plus courant dans le bâtiment.

8.1.2 Le groupement solidaire

Le groupement est dit solidaire lorsque, chacun des opérateurs économiques, membre du groupement est engagé pour la totalité du marché.

Tous les opérateurs économiques sont liés solidairement vis-à-vis de l'Autorité contractante, et chacun est donc responsable, pour le tout, de l'inexécution des prestations incombant à l'un d'entre eux.

L'Autorité contractante peut demander à n'importe lequel des opérateurs solidaires d'exécuter les prestations non accomplies par l'un d'eux. Cette solidarité profite à l'Autorité contractante, elle n'existe pas à l'égard des tiers.

En cas de groupement solidaire, l'acte d'engagement est un document unique qui indique le montant total du marché et l'ensemble des prestations que les membres du groupement s'engagent solidairement à réaliser.

8.1.3 Groupement conjoint avec mandataire solidaire

Si le marché le prévoit, le mandataire du groupement conjoint peut être solidaire, pour l'exécution du marché, de chacun des membres du groupement pour ses obligations contractuelles à l'égard de l'Autorité contractante.

Seul le mandataire du groupement donc, est solidaire de l'exécution du contrat vis-à-vis de chaque cotraitant.

8.2 COTRAITANCE ET RÔLE DU MANDATAIRE.

Avant de décider la constitution du groupement, il est important pour les entreprises de consulter le règlement de consultation et/ou l'avis de publicité. En effet, l'Autorité contractante peut y insérer la mention selon laquelle elle imposera la forme qui sied en cas d'attribution du marché.

Cette exigence ne constitue toutefois pas un motif de non-admission d'un Candidat. A l'attribution, une mise au point peut être effectuée, afin de modifier la nature du groupement pour le rendre conforme aux exigences l'Autorité contractante. Si cette mise au point est acceptée, elle ne saurait être changée au moment de l'exécution.

8.2.1 Rôle du mandataire dans un groupement.

Le mandataire agit dans le cadre d'un mandat qui lui est donné par les autres membres. L'Autorité contractante ou Maître d'ouvrage doit vérifier l'habilitation du mandataire. Ce mandat doit être remis à l'Autorité contractante au moment de l'offre sous peine de risque de nullité de l'engagement et de l'attribution du marché.

Le mandataire mène une action de coordination auprès des autres membres du groupement. Parmi ses attributions, il est le seul habilité à émettre des réclamations.

Destinataire des commandes et ordres de service, le mandataire a seule qualité pour présenter des réserves. Dans le cas de paiements effectués à des comptes séparés, les pénalités et les primes sont réparties entre les membres du groupement conformément aux indications qu'il donne.

Son habilitation à présenter les projets de décomptes et à accepter le décompte général s'inscrit donc dans la continuité des précédentes actions. Il lui incombe d'attester de la réalité des travaux exécutés par chacun des membres du groupement, dans le respect des modalités de paiement prévues dans le marché.

Ainsi, toutes les factures issues des membres du groupement transiteront donc par le mandataire, qui sera l'interlocuteur privilégié de l'Autorité contractante. Sa signature vaut acceptation, par celui-ci, au nom et pour le compte des membres du groupement du projet de décompte du cotraitant concerné.

Une même entreprise ne peut être mandataire de plusieurs groupements pour un même marché. La mission de coordination confiée au mandataire est accomplie dans le respect de la forme du groupement : ceci explique la position parfois ambiguë, malgré son implication, le mandataire d'un groupement conjoint demeure non solidaire de la défaillance d'un des membres.

8.2.2 L'objet du mandat de représentation.

Le mandataire reçoit de ses partenaires, un mandat lui permettant d'être le seul interlocuteur de l'Autorité contractante lors de la préparation ou de l'exécution du marché.

Le mandataire peut recevoir une mission de représentation, de gestion ou de coordination des membres du groupement.

Le mandat de représentation vaut pour des actes multiples d'ordre, administratif, technique et financier relatifs à l'exécution du marché :

- **les actes de représentation** nécessitent de recueillir l'accord préalable des membres notamment pour remettre des offres, signer le marché et les avenants concernant les lots des cotraitants.

  Il sert d'intermédiaire pour les réclamations ou demandes de travaux supplémentaires présentées par l'Autorité contractante ou Maître d'ouvrage, mais en aucun cas il ne peut répondre à la place de ses partenaires. Il doit assister à toutes les réunions de chantier ;

- **les actes de gestion ou de coordination** qui consistent à :
  - transmettre les plans et documents techniques ;
  - établir et mettre à jour, en accord avec les cotraitants, le calendrier des travaux et en contrôler la bonne exécution ;
  - organiser le chantier en veillant à son aménagement (clôture, bureaux, sanitaires, éclairage, eau, électricité...) ;
  - constituer les garanties le cas échéant pour le compte des membres du groupement ;
  - transmettre aux cotraitants les ordres de service ;
  - faire part au Maître d'ouvrage des réserves aux ordres de service ;
  - faire part des réclamations des cotraitants ;
  - viser et transmettre au Maître d'œuvre les situations et le projet de décompte ;
  - répartir, le cas échéant, les pénalités entre les cotraitants et gérer le compte prorata ;
  - demander la réception des travaux et le cas échéant la levée des réserves.

8.2.3 Les responsabilités du mandataire.

A la défaillance d'un cotraitant, le mandataire a l'obligation de prendre les mesures appropriées pour pallier cette défaillance. Du fait de la solidarité si le marché le prévoit, le mandataire est solidaire des autres membres vis-à-vis de l'Autorité contractante. Il n'est alors redevable vis-à-vis de l'Autorité contractante que des seules obligations mises à la charge des cotraitants par le marché.

Attention : il existe un risque de mise en cause du mandataire en cas de réserves non levées. En conséquence, en cas de défaillance d'un cotraitant il devra se substituer à lui :

- soit en exécutant lui-même les travaux, soit en le sous-traitant à une autre entreprise
- soit en proposant à l'Autorité contractante de contracter avec une autre entreprise) en assumant les coûts directs et indirects quitte à faire un recours contre le cotraitant défaillant.

8.2.4 Comment protéger un mandataire ?

Pour équilibrer la responsabilité qu'il assume, le mandataire peut obtenir de ses cotraitants une garantie de bonne fin pour les prestations qu'ils exécutent.

8.2.4.1 La défaillance du mandataire.

Première hypothèse : le mandataire est défaillant dans son rôle de chef de file, mais reste capable d'effectuer les travaux de son lot, il faut désigner un nouveau mandataire du groupement ; à défaut d'accord des cotraitants sur un nouveau mandataire, l'Autorité contractante peut faire réaliser la coordination par une structure tierce aux frais du mandataire défaillant.

Deuxième hypothèse : le mandataire commun est défaillant non seulement dans son rôle de mandataire, mais aussi, en tant qu'Entrepreneur, si les cotraitants l'acceptent, un autre membre peut être substitué au défaillant pour les prestations non exécutées.

L'Autorité contractante peut désigner un nouveau mandataire parmi les membres du groupement ; si l'accord de toutes les parties prenantes ne peut être obtenu, l'Autorité contractante ne peut que repasser un marché séparé pour les prestations non exécutées par le mandataire à ses torts en appliquant des pénalités et la résiliation partiel du marché.

8.2.5 La durée du mandat.

Le point de départ de la durée du mandat de représentation est la remise de l'offre et se poursuit jusqu'à la fin du délai de garantie de bonne exécution, sauf pour fin par anticipation en cas de défaillance ou de liquidation judiciaire de l'entreprise du mandataire.

8.3 MÉCANISMES DE PAIEMENT DE LA COTRAITANCE

8.3.1 La rémunération du mandataire.

Pour l'exercice de ses missions, le mandataire a droit à une rémunération qui peut être prévue dans la convention de groupement. Cette rémunération se fait :

- soit par les membres du groupement eux- mêmes : cette dépense est alors incluse dans leur devis de travaux. En général sur la base d'un pourcentage appliqué ;

- soit par l'Autorité contractante au titre du lot du mandataire ou d'un lot distinct (généralement un lot pour la coordination) qui est la contrepartie des moyens nécessaires que le mandataire doit mobiliser pour remplir les différentes missions mises à sa charge et du risque encouru, en cas de solidarité.

8.3.2 Le paiement des cotraitants.

Quelle que soit la forme du groupement, le mandataire est seul habilité à présenter à l'Autorité contractante la demande de paiement.

Les règlements seront effectués auprès de cette personne désignée comme mandataire pour représenter les cotraitants vis-à-vis de l'Autorité contractante.

Cependant, lorsque le marché le prévoit, le règlement des prestations peut être effectué de manière distincte pour groupement conjoint ou pour un groupement solidaire.

8.3.2.1 Paiement pour un groupement conjoint

Pour un groupement conjoint ou conjoint solidaire, ses membres peuvent être payés de manière individualisée, la demande de paiement présentée par le mandataire, sous forme de décomptes décomposés en autant de parties qu'il y a de membres à payer séparément, à concurrence du montant dû à chacun.

8.3.2.2 Paiement des groupements solidaires

Les membres d'un groupement solidaire peuvent à la demande de tous obtenir leur paiement de manière individualisé, si l'Autorité contractante et par voie de conséquence, le chargé du paiement des sommes dues dispose d'un relevé d'Identité bancaire (RIB) par cotraitant et si la répartition des montants de prestations à bien été identifiée entre les membres du groupement.

Si l'individualisation est possible, le règlement pourra être effectué, soit sur les comptes de chaque cotraitant, soit à un compte ouvert au nom du groupement, les mandats porteront alors au verso la somme revenant à chaque membre dans le montant total.

Cependant, obtenir leur paiement à partir d'un compte commun peut poser des difficultés en cas de dépôt de bilan d'un des membres.

A l'inverse, lorsque l'Administration effectue le paiement de la prestation sur un compte commun à tous les membres du groupement solidaire, le mandataire est chargé de la gestion de ce compte et de la répartition des paiements entre les membres du groupement.

8.3.2.3 Paiement pour un groupement conjoint avec mandataire solidaire

Le mandataire assurera la coordination du groupement et les défaillances s'il est qualifié de mandataire solidaire. Il sera l'interlocuteur privilégié de l'Autorité contractante, pour la gestion de tous les aléas d'exécution du marché, mais également pour la transmission de toutes les informations administratives utiles.

**** ***

CHAPITRE IX
LA MODIFICATION CONTRACTUELLE

9.1 LES DIFFÉRENTES FORMES DE MODIFICATIONS CONTRACTUELLES.

Suivant les standards internationaux, il existe trois moyens différents qui peuvent être utilisés pour modifier un marché. Il s'agit de l'ordre de service, la décision de poursuivre et l'avenant. Ils n'ont pas le même champ d'application et présentent chacun des avantages et des inconvénients.

9.1.1 L'ordre de service.

Un « Ordre de service » signifie toute instruction écrite donnée par le Maître d'œuvre, le Maître d'ouvrage délégué, ou le Maître d'ouvrage à l'Entrepreneur concernant l'exécution du marché. La modification du marché public par ordre de service est l'expression du pouvoir de direction et de modification unilatérale dont dispose une Autorité contractante, même en l'absence de clauses en ce sens.

La modification par ordre de services constitue un moyen d'action qui peut s'envisager sous l'angle de la modification d'un marché. La possibilité d'agir par voie « d'ordre de service » pour des prestations supplémentaires ou modificatives qui sont nécessaires au bon déroulement de l'ouvrage est envisageable dans un marché.

Lorsque la masse des travaux exécutés atteint la masse initiale, l'Entreprise titulaire du marché public doit arrêter les travaux si elle n'a pas reçu un ordre de service lui notifiant la décision de les poursuivre prise par le Chef de projet.

Selon l'esprit de cette clause si l'Entreprise titulaire du marché public reçoit un ordre de service lui notifiant la décision de poursuivre indiquant le montant limite des travaux additionnels elle doit s'exécuter. Cette action pourrait être qualifiée d'une possibilité de modifier un contrat. Cette pratique permet d'allier la rapidité et la contractualisation, car il suffit d'un avenant pour permettre, entre autres, de n'avoir aucune difficulté pour payer les travaux supplémentaires.

L'ordre de service est notifié à l'Entreprise titulaire du marché public soit par courrier porté contre récépissé, soit par lettre recommandée avec accusé de réception. A cet égard, il faut noter qu'un ordre de service verbal n'a pas de valeur juridique et ne peut pas être opposable à l'Entreprise titulaire du marché public, de même qu'un ordre de service qui n'est pas émis par une autorité compétente ou habilitée. Une modification par ordre de service ne peut modifier l'objet du marché ou en bouleverser l'économie générale.

9.1.2 La décision de poursuivre.

On retrouve ce groupe de mots « décision de poursuivre » au niveau dans certaines clauses du CCAG-Travaux où il est écrit : « *lorsque la masse des travaux exécutés atteint la masse initiale, l'Entreprise titulaire du marché public doit arrêter les travaux si elle n'a pas reçu un ordre de service lui notifiant la décision de les poursuivre prise par le Maître d'œuvre.*

Cette décision de poursuivre *n'est valable que si elle indique le montant limite jusqu'où les travaux pourront être poursuivis, le dépassement éventuel de ce montant limite devant donner lieu à la même procédure et entraîner les mêmes conséquences que celles qui sont définies ci-après pour le dépassement de la masse initiale* ».

Au regard de ce qui précède, il est possible de dire que la décision de poursuivre constitue une possibilité de modifier un contrat. Utilisée au niveau des standards internationaux, la « Décision de poursuivre » permet, dans plusieurs procédures de marchés, la continuation des prestations et leur paiement au-delà du montant initial.

Cependant, elle ne doit ni bouleverser l'économie générale du marché ni en changer l'objet, sauf en présence de sujétions techniques imprévues.

La décision de poursuivre est un acte unilatéral signé par l'Autorité contractante notifiée au titulaire. En pratique, elle est facile à mettre en œuvre et n'implique pas l'accord des deux parties, mais son champ d'intervention n'est pas large.

La décision de poursuivre, comme son nom l'indique, est limitée à la seule poursuite des prestations prévues au-delà des quantités et montants du marché. Elle intervient dans le cas particulier ou le montant des prestations déjà exécutées atteint le montant du marché. Elle ne peut être utilisée que pour augmenter le volume des prestations à réaliser pour parvenir à l'achèvement de l'ouvrage qui ne peuvent être différentes de celles prévues au marché initial.

Du point de vue du prix, elles doivent correspondre au bordereau initial des prix. Il s'ensuit que, contrairement à ce que l'intitulé de la question induit, il est impossible de recourir à la décision de poursuivre pour introduire des prestations différentes de celles du marché initial ou des prix nouveaux.

De plus, y recourir suppose que le marché ait prévu la poursuite des prestations par l'émission d'une décision. Sans une clause la prévoyant, la décision de poursuivre ne peut être utilisée. Son utilisation présente un intérêt évident dans un marché à prix unitaire alors que pour un marché à prix global et forfaitaire, qui est réputé courir l'ensemble de la prestation, quelle que soit la quantité à mettre en œuvre, cela serait beaucoup moins pertinent.

9.1.3 L'avenant ou acte modificatif du contrat initial.

La bonne préparation du cahier des charges par l'Autorité contractante ainsi que les pièces d'exécution graphiques et écrites effectuées par des prestataires, l'offre financière et technique du titulaire en réponse à un appel d'offres, doit en principe limiter les modifications du marché initial.

Dans le principe, il est interdit toute modification qui a pour effet de changer l'objet d'un marché ou d'en bouleverser l'économie générale, sauf si les parties sont face à des sujétions techniques imprévues. Cependant, la qualification des marchés passés en application des dispositions d'un Code des marchés publics entraîne l'application d'un certain nombre de règles en faveur de la personne publique, notamment le pouvoir de modification du contrat.

Compte tenu de tout ce qui précède, de manière pratique l'avenant reste le moyen privilégié pour modifier un marché public, d'une part en raison de son caractère conventionnel, d'autre part parce qu'il permet de modifier n'importe quel aspect du marché initial. Un marché est avant tout un contrat qui obéit à des règles fondamentales dont la principale demeure le consentement.

Modifier un marché public relève la plupart du temps d'un accord de volonté. Lorsque des modifications doivent être apportées aux conditions initiales du marché après son approbation, elles font l'objet d'un avenant.

9.1.3.1 Définition d'un avenant.

Dans le langage des marchés publics, l'avenant est l'accessoire d'un contrat initial qui a pour but de modifier les conditions ou les modalités des engagements qui figurent sur le contrat initial. L'objet d'un avenant peut être divers, il peut soit modifier les obligations d'un marché, soit consacrer un changement de statut soit enfin constituer un simple acte de modification affectant les parties.

La signature d'un avenant est donc un acte important qui, le plus souvent, traduit le consentement à supporter de nouvelles obligations. Il est communément admis qu'un avenant ne peut produire d'effets rétroactifs.

Seule la notification de l'avenant au titulaire fait produire des effets juridiques qui ne sont pris en compte que pour la période qui court après cette date. En pratique, les parties devront veiller à éviter, dans mesure du possible, au recours tardif à un avenant. Souvent, ce sont leurs propres retards qui contribuent à conclure tardivement ce contrat.

Si l'avenant a pour effet d'agir sur les prestations, il doit nécessairement présenter un lien avec l'objet initial d'un marché en cours d'exécution. Cette modification ne peut avoir ni pour objet ni pour effet de substituer au contrat initial un autre contrat, soit parce que son économie en serait bouleversée (augmentation de plus de 30%), soit parce que son objet ne serait plus le même.

Etant soumises aux règles de stricte observance des principes de liberté d'accès, d'égalité de traitement et de transparence, des limites existent aux modifications contractuelles apportées aux marchés publics. Concrètement, ne pas porter atteinte à la concurrence revient, à ne pas demander la réalisation de prestations qui pourraient être qualifiées de distinctes ou dissociables des prestations prévues initialement et qui devraient donc donner lieu, à la passation d'un nouveau marché.

9.1.3.2 Les limites aux modifications par avenant.

La passation d'un marché public étant très encadrée afin de garantir une égalité et une concurrence maximum. Il est donc tout naturel qu'une fois passé, le marché ne puisse pas être modifié de façon abusive, auquel cas les efforts consentis lors de la passation seraient réduits à néant. Il existe donc de nombreux procédés visant à limiter les modifications pouvant être apportées à un marché public.

9.1.3.3 Avenant et franchissement des seuils.

Il a été toujours retenu que l'avenant qui entraîne le franchissement irrégulier des seuils est illégal. En effet, quel que soit le montant du ou des avenants, ils ne doivent pas entraîner un dépassement de seuil, car cela reviendrait à contourner les règles de mise en concurrence. Deux conditions préalables pour apprécier un franchissement de seuils :

- le marché initial est passé selon une procédure qui n'est autorisée que parce que son montant est en dessous d'un seuil prévu par les textes ;
- la modification du contrat initial entraîne l'augmentation de son montant de telle manière que si les prestations avaient été intégrées au contrat initial celui-ci n'aurait pas pu être passé selon la procédure suivie.

Dans cette hypothèse, la régularité de l'avenant doit être appréciée principalement au regard de son caractère prévisible ou imprévisible lors de la passation du marché initial. Compte tenu de l'efficacité recherchée en passation des marchés ; il me semble opportun d'examiner la possibilité qu'une modification en cours d'exécution ne puisse conduire à franchir sans dommage les différents seuils de mise en concurrence.

Les différentes formes de Demande de Renseignements et de prix déclinées, notamment celle de la Demande de Renseignements et de Prix à Compétition ouverte milite à l'exploration de cette possibilité.

L'objectif recherché par rapport à l'interdiction du franchissement de seuil est que des modifications successives ne doivent pas avoir pour objet de contourner les obligations de publicité et de mise en concurrence. Or il est clair que la Demande de Renseignements et de Prix à Compétition ouverte utilise les mêmes formes et supports (en dehors du délai accordé pour la préparation des offres) de publicité et quasiment le même processus pour l'ouverture, l'évaluation et l'attribution qui est appliquée lors d'un Appel d'offres ouvert.

Du fait que l'application d'un avenant ne saurait bouleverser l'économie d'un marché si on est dans la marge des 30% du montant du marché initial et si l'on peut démontrer que les modifications en cours d'exécution n'ont pas pour objet de compenser une sous-estimation originelle des prestations nécessaires, l'on devrait pouvoir accepter ce franchissement de seuils en l'encadrant notamment pour les procédures ayant fait l'objet d'une publicité ouverte.

Aussi devrait-on pouvoir accepter un franchissement de seuil qui ne dépasse pas 10% du montant du marché initial pour les marchés publics de services, de fournitures et les marchés de prestations intellectuelles et à 15% pour les marchés de travaux passés par Demande de Renseignements et de Prix à Compétition ouverte.

L'appréciation de l'argumentaire et la validation d'un avenant sont du ressort de la Cellule de Passation des marchés pour ceux non soumis à une revue a priori. Au cas où le marché n'aurait pas été soumis à la revue a priori, mais que la mise en œuvre d'un avenant fait en somme que le seuil de revue a priori soit atteint, toutefois, le dossier devra être soumis à l'avis de la Direction en charge du Contrôle des marchés publics.

9.1.3.4 Avenant et sujétions techniques imprévues.

Au cours de l'exécution d'un marché, il se peut que le titulaire soit confronté à des sujétions techniques qui sont des obstacles non imputables aux parties et consécutifs de difficultés imprévues et exceptionnelles. Elles sont d'une application relativement rare.

Du fait que ces suggestions entrent dans le cadre d'un marché en exécution pour ne pas compliquer leur prise en compte et éviter d'autres difficultés liées à la non réception des prestations objet du marché initial elles sont, le plus clair du temps, confiées au titulaire du marché, et l'on en fait souvent un avenant.

Dès lors que l'évolution du marché résulte de sujétions imprévues, « l'avenant » ou plutôt le marché complémentaire peut porter sur un montant qui ne comporte pas de limites.

Pour pouvoir continuer l'exécution d'un tel marché, il est possible de conclure avec le titulaire, un marché par entente directe. L'existence de sujétions imprévues s'apprécie grâce à la réunion de plusieurs critères. Il faut en effet cumulativement que :

- des difficultés matérielles exceptionnelles soient rencontrées à l'exécution du marché ;
- qu'elles soient imprévisibles à la conclusion du contrat ;
- que leur cause soit extérieure aux parties.

Le bouleversement de l'économie du marché est en effet une notion difficile à cerner. Il s'agit d'une question d'espèce et son appréciation varie en fonction des circonstances de chaque cas ainsi que de la continuité entre les travaux initiaux et ceux faisant l'objet de l'avenant ou d'un nouveau marché.

Le bouleversement de l'économie d'un contrat peut résulter d'autres éléments qui ne sont pas d'ordre quantitatif, mais en modifient néanmoins l'équilibre. Un avenant portant modification de la répartition des lots ou mise en place de nouvelles contraintes peut remettre en cause l'équilibre d'un marché.

9.2 CAS MODIFIANT LE MARCHÉ INITIAL.

Les cas de modifications peuvent être nombreux et la présentation qui en est faite ici n'est pas exhaustive. Lorsque l'économie et l'objet d'un marché ne sont pas remis en cause (l'objet ne sera pas considéré comme modifié si les prestations prévues par l'avenant présentent la même nature que celles prévues au marché initial).

La modification découlant d'un avenant peut porter sur :

- la modification de clauses du marché initial n'ayant aucune incidence sur son montant ni sur le volume des fournitures, services ou travaux, mais nécessaires à son exécution comme le statut des cocontractants
- les engagements des parties au contrat et des précisions par rapport à une clause ambiguë ;
- le calendrier d'exécution ;
- la cession volontaire du marché,
- la réalisation de fournitures, services ou travaux non prévus au marché, mais nécessaires à l'exécution de son objet ;
- et l'augmentation ou la réduction de la masse des prestations.

L'augmentation des fournitures, services ou travaux résultant d'un ou plusieurs avenants ne doit en aucun cas dépasser un certain pourcentage (généralement 30%) du montant du marché après application des éventuelles clauses d'actualisation et de révision. Il y a lieu de considérer qu'un avenant de plus de 30% ou plus du prix du marché est susceptible de bouleverser l'économie du marché.

Lorsque la modification envisagée porte sur des quantités des travaux, fournitures ou services dépassant les limites fixées ci-dessus, il doit être passé un nouveau marché. Il en est de même, lorsqu'en cas d'avenants successifs, le montant du dernier avenant à conclure doit porter sur le total cumulé des avenants au-delà des limites autorisées.

Le cumul du montant des avenants avec incidence financière pour un même marché ne peut dépasser 30% du montant d'un marché initial. Le ou les avenants doivent être de la même nature que le marché initial. Des prestations supplémentaires à ce dernier doivent donc pouvoir être envisagées dès lors qu'elles ne portent pas sur un objet différent. En revanche, l'avenant qui porte sur la réalisation de travaux dissociables de ceux initialement prévus doit faire l'objet d'un nouveau marché.

La forme du prix, unitaire ou forfaitaire, n'a pas d'influence sur la possibilité de modifier le marché. Il est possible, pour une Autorité contractante, si besoin est, de poursuivre l'exécution des prestations au-delà du montant prévu par le marché initial, que les prix du marché soient forfaitaires ou unitaires. En effet, le montant estimatif d'un marché à prix unitaires engage les parties au même titre que le montant d'un marché à prix forfaitaires.

9.2.1 Examen des modifications conduisant à un avenant.

9.2.1.1 Avenants et changement de statuts.

a. Un changement de statut titulaire du marché.

Un changement de statut titulaire du marché peut être la cause d'un avenant. Avec un changement de statut, il est possible que la personne morale du titulaire soit conservée, elle peut aussi être perdue. Si elle est perdue, l'avenant équivaut à une cession de contrat. Par contre si la personne morale est conservée l'avenant n'est qu'une commodité pour la gestion du marché.

b. Changement de statut de l'Autorité contractante.

Même problématique, si la nouvelle personne publique ou Autorité contractante continue les missions et activités de la précédente, l'avenant n'est pas obligatoire, mais commode ; par contre si la nouvelle personne publique n'est pas substituée à l'ancienne, il s'agit d'une simple transmission de contrat, il n'est pas nécessaire de faire un avenant.

c. Avenant et modifications affectant les parties.

De simples événements sans incidence sur les obligations respectives des parties, notamment, les changements de domiciliation ou de références bancaires, les changements de siège social nécessitent qu'il soit passé un avenant.

Toutefois, pour tout changement de domiciliation bancaire, quels qu'en soient les motifs, il est de bonne convenance et un impératif pour que le titulaire du marché dépose en plus de la demande de modification de compte bancaire une attestation de non-engagement de la banque qui lui avait fourni les garanties et autres sûretés dans le cadre du marché.

9.2.1.2 Avenant et augmentation du prix du marché.

Lorsque les prestations exécutées auront atteint le montant prévu au marché à prix unitaires, la poursuite de l'exécution est possible à la condition de conclure un avenant. La nécessité d'augmenter les quantités de prestations est une situation dans laquelle le marché initial peut être modifié ; elle s'accompagne en général d'une augmentation du montant du marché.

Il peut s'agir d'augmenter l'importance de la nature de l'ouvrage comme cela est prévu dans le Cahier des clauses administratives générales (CCAG)-Travaux. Il peut s'agir aussi d'étendre une prestation de service de nettoyage, par exemple, à des locaux acquis en cours d'exécution du marché. L'augmentation du montant d'un marché nécessite la conclusion d'un avenant.

9.2.1.3 Avenant et adaptation d'une clause.

La modification d'un marché peut résulter tout simplement du besoin de préciser ou de compléter une clause du marché dont la compréhension en cours d'exécution a pu poser des difficultés aux parties. La réécriture des dispositions d'une clause contractuelle nécessite la conclusion d'un avenant.

9.2.1.4 Avenant et durée du marché.

Il n'y a aucun obstacle à augmenter la durée d'un marché lorsque cela s'avère nécessaire pour terminer les prestations en cours d'exécution. Cela est d'autant moins problématique si cette augmentation ne s'accompagne d'aucune modification dans la nature des prestations et dans le montant du marché.

Un mécanisme de prolongation est du reste prévu dans chaque CCAG des différents Dossiers types en vigueur. Modifier un délai d'exécution sans une justification sérieuse peut poser des problèmes de régularité car les délais sont souvent un élément important dans la mise en concurrence, souvent comme critère de sélection décisif.

9.2.1.5 Avenant et changements dans la réglementation des marchés publics.

Les changements dans la réglementation peuvent avoir des conséquences sur l'exécution d'un marché et entraîner sa modification de fait ou à la suite d'une adaptation convenue par les parties. Selon l'importance des changements, notamment s'ils affectent le contenu même des clauses techniques écrites par l'Autorité contractante, l'ajustement par voie d'avenant est nécessaire.

9.2.1.6 Avenant et changements de législation fiscale.

Dans le cas de l'introduction d'une nouvelle taxe ou de la modification d'un taux, en cours d'exécution, la modification du marché par voie d'avenant se fait de facto, car cela influe directement sur le prix du marché.

Par exemple, si pour un marché de quelque catégorie que ce soit est assujetti à la taxe sur la valeur ajoutée (TVA), il advenait que cette dernière fasse l'objet d'une modification passant par exemple de 18 à 20%, la modification du marché par voie d'avenant s'impose aux parties et il portera certainement sur le montant total du marché.

9.2.1.7 Avenant et cession du marché par l'Autorité

Dans le cadre d'un transfert de compétences d'une Autorité contractante à une autre, par exemple d'un Ministère à une collectivité territoriale, un marché peut être cédé (sans incidence financière) dans la mesure où la compétence dans ce domaine est transférée. Cette cession se fait par un avenant signé entre, l'autorité cédante et la collectivité bénéficiaire du marché.

La cession du marché est la situation dans laquelle le contrat est cédé par l'une des parties (le cédant) au bénéfice d'une personne morale, à l'origine étrangère à la relation contractuelle (le cessionnaire).

La Cession du marché par l'Autorité contractante à une personne morale de droit public nouvellement créée, par exemple un établissement administratif de l'état. Le titulaire n'a pas la faculté de refuser le transfert du marché.

La cession étant consacrée par les actes créant la structure, elle entraîne nécessairement une modification du marché puisque l'une des parties disparaît au bénéfice d'une nouvelle personne. En revanche, elle n'entraîne aucune modification dans le contenu du contrat, car cette cession doit s'entendre comme une reprise pure et simple des droits et des obligations.

9.2.1.8 Avenant et cession du marché par le titulaire

Il y a cession du marché dès lors qu'une nouvelle personne morale se substitue à la personne du titulaire initial pour la totalité de ses droits et obligations, le titulaire initial disparaissant de la relation contractuelle. Ci-dessous, une typologie non exhaustive des situations dans lesquelles il peut être considéré qu'il y a une situation de cession :

- le titulaire décide de céder son marché à une autre société dans une pure démarche commerciale de vente ou d'échange d'actifs. En d'autres termes, le titulaire vend son marché ;
- le titulaire fusionne avec un autre opérateur économique pour donner naissance à une nouvelle société.
- le titulaire appartient à un Groupe et son Responsable (propriétaire des actions et des différents bureaux membres du groupe) décide de confier un Contrat exécuté par un membre à un autre etc.

9.3 AVENANT ET MODIFICATIONS INTERDITES.

9.3.1 Avenants changeant l'objet du marché.

Il est interdit de conclure un avenant ayant pour objet de permettre l'exécution des prestations de même nature que celles initialement prévues dans un marché au forfait qui n'auraient pu être achevées.

9.3.2 Avenants et termes de référence/ spécifications techniques.

Un avenant ayant pour objet d'apporter des modifications substantielles dans des termes de référence ou les spécifications techniques est interdit. Cela peut correspondre à un changement de l'objet du marché.

9.3.3 Avenants modifiant le calcul et les conditions de versement de l'avance de démarrage.

Il est interdit de modifier le taux et les conditions versement de fonds à titre d'avance **de démarrage**.

9.3.4 Interdiction de consentir des libéralités.

L'Autorité contractante ne peut s'octroyer des libéralités, c'est-à-dire être amenée à payer des sommes qu'elle ne doit pas, notamment dans le cadre d'une indemnisation, de régler un litige ou de régler des prestations supplémentaires.

9.3.5 Avenant et clauses de variation des prix.

Il est conseillé de ne pas modifier la clause de variation des prix, c'est un élément substantiel du contrat, cela peut bouleverser l'économie du marché ou remettre en cause les conditions de concurrence.

En effet, un avenant qui insère ou modifie une clause de révision, une formule ou des index est illégal, car il a nécessairement pour effet de modifier les conditions de la mise en concurrence initiale. Cependant, il peut la modifier si une erreur matérielle évidente rend inapplicable cette formule.

9.3.6 Autres interdictions pour la conclusion d'un avenant.

Il est interdit de modifier la nature et la destination d'un ouvrage en transformant un bâtiment à usage d'écurie en bâtiment à usage de dépôt d'armes ; de même serait sans nul doute illégal l'avenant qui prévoirait de confier la réalisation de prestations de sécurité au titulaire en charge des prestations de nettoyage des locaux.

9.4 LA FORMATION D'UN AVENANT.

Toute chose étant égale par ailleurs, un avenant à un contrat déclaré nul sera, lui aussi, entaché de nullité. Ainsi, pour être recevable, il faut qu'un avenant vienne compléter un marché valide, c'est-à-dire régulier et en vigueur (pas de réception). Il est cependant possible qu'un avenant intervenant après la réception d'une prestation soit valide. Cela intervient dans le cas où il était prévu « ab initio » que le marché originel sera modifié par des avenants postérieurs.

L'avenant procédant d'une modification contractuelle nécessite le consentement des parties ce qui suppose leur signature. Un avenant ne peut donc être implicite ou tacite. L'Autorité contractante ainsi que le titulaire du marché doivent apposer leur signature. Le fait que le marché prévoyait la survenance d'un avenant ne change rien à l'exigence des signatures.

9.4.1 La Rédaction d'un avenant à un marché.

Le contenu de l'avenant est librement négocié par les deux parties, sa première mouture est à l'initiative de l'Autorité contractante. La rédaction d'un avenant est simple à entreprendre, car aucun formalisme particulier n'est imposé ; pour être effectif et recevoir une exécution sans difficulté, il doit être suffisamment précis, voir **modèle en annexe n° 5**.

Une attention toute particulière est à apporter à la rédaction de certaines clauses notamment celles relatives à l'objet de l'avenant qui doit être précis, clair et bien délimité. Il est important de bien identifier les clauses du marché qui sont modifiées ou supprimées ainsi que les documents annexés objet d'une éventuelle substitution.

L'application de l'avenant ne doit pas conduire à une incertitude sur l'articulation entre deux stipulations contractuelles, l'une dans le marché initial et l'autre dans l'avenant. Même si l'avenant prime le marché initial cela peut conduire à de fâcheuses difficultés d'interprétation.

Dans la pratique, c'est l'Autorité contractante qui rédige l'avenant et le soumet au titulaire. Cela apparaît logique puisque c'est elle qui avait rédigé le marché initial et que c'est elle qui finalise la procédure de conclusion de l'avenant. La signature d'un avenant est un engagement sur lequel il est quasiment impossible de revenir sauf à prouver, chose rare, un vice de consentement.

9.4.2 Signature, approbation et notification d'un avenant.

La signature doit respecter les règles propres à chaque Autorité contractante. Pour le titulaire, il faut qu'une personne habilitée à la représenter signe l'avenant. Il faudra prouver cette habilitation, s'il ne s'agit pas d'une personne qui naturellement dispose du pouvoir à engager le titulaire du marché.

Il convient de rappeler que, tout projet d'avenant à un marché de fournitures, de travaux ou de services doit, en fonction des seuils de revue prévus, être soumis pour avis à la Cellule des marchés ou à la Direction en charge du Contrôle des marchés publics qui statue sur le projet d'avenant.

L'avenant doit être notifié, cette notification s'effectue dans les mêmes conditions que celle du marché initial, après approbation de l'Autorité compétente et la numérotation par la Direction en charge du Contrôle des marchés publics si elle est requise.

9.4.3 Avenant et marché complémentaire

Le marché complémentaire porte sur des fournitures, services ou travaux qui ne figuraient pas dans le marché initialement conclu, mais qui sont devenus nécessaires, à la suite d'une circonstance imprévue et extérieure aux parties. Ces fournitures, services ou travaux ne peuvent être techniquement ou économiquement séparés du marché principal passé selon la procédure d'appel d'offres.

Le montant cumulé des marchés complémentaires ne doit pas dépasser un tiers du montant du marché principal, avenants compris.

Quatre conditions sont indispensables pour conclure un tel marché sans mise en concurrence :

- **en premier lieu**, le marché ne peut être conclu qu'avec l'entreprise qui réalise le marché de base, le marché que l'on veut compléter ;
- **en second lieu**, les prestations acquises en complément ne doivent pas atteindre 30 % du montant du marché à compléter ;
- **en troisième lieu**, une condition alternative doit exister :
  - soit l'Autorité contractante peut démontrer que les prestations en complément sont indispensables au projet ;

- soit l'Autorité contractante peut démontrer qu'une mise en concurrence pour acheter ces prestations complémentaires poserait des problèmes techniques ou économiques.

- **en dernier lieu**, les prestations supplémentaires doivent être complètement imprévisibles, en d'autres termes, elles devaient ne pas être détectables lors de la passation du marché initial.

C'est cette dernière condition qui pose le plus souvent problème, il n'est pas rare que l'on confonde des prestations imprévisibles et des prestations non prévues. Il ne s'agit pas uniquement de sémantique, le but du marché complémentaire n'est pas de permettre à l'Autorité contractante de « rattraper » des oublis lors de la définition de ses besoins. Lorsque l'Autorité contractante veut « acquérir » des prestations qui ne sont pas comprises dans le marché de base, elle a donc deux solutions.

La solution simple et rapide est de conclure un marché complémentaire sans mise en concurrence sur la base de prix nouveaux, car les pieds d'eucalyptus n'avaient pas été cotés au niveau du marché initial.

Si toutes les conditions sont remplies et notamment le fait que ces prestations n'étaient pas prévisibles à la conclusion du marché initial. Un marché complémentaire peut être conclu avec le titulaire du marché. Il reste possible que, le titulaire accepte d'appliquer les prix proposés par lui, pour l'acquisition des plantes retenues dans le marché initial, si toute chose étant égale par ailleurs il ne subit aucune perte dans cette transaction.

La solution plus lourde et surtout moins rapide est de conclure un nouveau marché à la suite d'une mise en concurrence. En plus de l'allongement des délais, le risque est de supporter un coût plus important, car le titulaire était déjà sur le terrain. Il y a toujours le syndrome d'indemnisation du titulaire, suite à la perte probable de gain que lui aurait procuré l'exécution de marché jusqu'à son terme.

**** ***

CHAPITRE X
RECEPTION DES TRAVAUX, DES BIENS ET DES PRESTATIONS INTELLECTUELLES.

10.1 RÉCEPTION DES TRAVAUX.

La réception des travaux est l'acte par lequel le Maître d'ouvrage déclare accepter l'ouvrage, avec ou sans réserve, et constate que l'Entreprise titulaire du marché public a accompli ses engagements contractuels. En d'autres termes, elle a bien réalisé les travaux. En général, la réception des travaux passe par deux étapes :

- une réception provisoire,
- une réception définitive.

La réception provisoire de travaux permet au Maître d'ouvrage de vérifier la qualité apparente du travail fourni et d'exiger des réfections si les travaux ne sont pas conformes aux stipulations du marché ou ne sont pas exécutés suivant les règles de l'art.

La réception définitive de travaux se fait au bout d'un certain temps (entre six mois et un an après, car les défauts n'apparaissent pas tout de suite, il faut en général du temps avant qu'ils surviennent ou qu'on s'en aperçoive. Si des problèmes sérieux apparaissent après la réception provisoire, il est possible de refuser la réception définitive. Si aucun problème n'est survenu, la réception définitive est acceptée et la retenue de garantie est libérée.

10.1.1 La réception provisoire des travaux.

10.1.1.1 Conditions préalables

La réception provisoire de travaux est demandée officiellement **(par lettre recommandée)** à l'expiration du délai d'exécution des travaux calculé par le Maître d'œuvre, dans le cas contraire l'Autorité contractante ou Maître d'ouvrage enverra, par recommandé, une mise en demeure dès que l'échéance sera dépassée.

La réception provisoire de travaux est habituellement demandée par écrit par l'Entreprise titulaire du marché public. L'architecte assiste normalement le Maître d'œuvre dans cette démarche. Au cours de la dernière réunion de chantier, le maître d'œuvre doit pouvoir avertir, les parties, de la nécessité d'envoyer un recommandé de demande de réception provisoire ou de mise en demeure.

Généralement, il est laissé à l'Autorité contractante le soin de définir le mode de réception et les conditions d'acceptation de la réception. Si aucun problème n'est survenu, que les travaux se soient bien déroulés, le Maître d'ouvrage le stipule par écrit, et la réception provisoire est terminée.

Si les travaux ne se sont pas bien déroulés, l'Autorité contractante ou Maître d'ouvrage décide avec son maître d'œuvre si les défauts doivent être corrigés par l'Entreprise titulaire du marché public. S'il y a lieu de réfection, la réception provisoire n'est pas acceptée.

Ce refus doit être communiqué à l'Entreprise titulaire du marché public par lettre recommandée. Il est possible que l'Entreprise titulaire du marché public refuse de refaire des travaux de réfection et engage un expert qui se chargera de décider si le refus de réception provisoire est fondé ou non.

a. Les opérations préalables à la réception (OPR).

L'initiative de la procédure d'opérations préalables à la réception provisoire appartient au titulaire qui avise le Maître d'ouvrage et le Maître d'œuvre, par écrit de la date à laquelle il estime que les travaux ont été ou seront achevés.

Après accord, le Maître d'œuvre convoque l'entreprise pour les opérations préalables à la réception. Les opérations préalables à la réception (OPR) dans le cadre d'un marché de travaux, comportent différentes étapes assorties d'un formalisme important.

Après la demande écrite de réception faite par l'Entreprise titulaire du marché public, le Maître d'œuvre convoque l'Entreprise titulaire du marché public à une visite d'opérations préalables à la réception.

Le déroulement des opérations préalables à la réception est marqué par le principe dit "du contradictoire" ce qui suppose la présence de tous les intéressés à l'opération de construction. Le Maître d'œuvre procède aux opérations préalables à la réception dans le délai prévu.

Le Maître d'ouvrage, avisé par le Maître d'œuvre de la date des opérations préalables à la réception, peut y assister ou se faire représenter, l'Entreprise titulaire du marché public est naturellement convoquée, elle peut demander à ses sous-traitants d'y participer. Au cours des opérations préalables à la réception, il est procédé à :

- la reconnaissance des ouvrages exécutés par rapport aux épreuves éventuellement prévues par le CCAP ;
- la constatation éventuelle de l'inexécution de certaines prestations prévues ; la constatation d'imperfections ou malfaçons ;
- la constatation du repliement des installations de chantier et de la remise en état, des lieux ; les constatations de l'achèvement des travaux.

1) **Le plan de récolement.**

Sauf dispositions différentes du marché et indépendamment des documents qu'il est tenu de fournir avant ou pendant l'exécution des travaux, le titulaire du marché public remet au Maître d'œuvre le plan de récolement, en trois (3) exemplaires, dont un sur calque :

- au plus tard lorsqu'elle demande la réception : les notices de fonctionnement et d'entretien des ouvrages établies conformément aux prescriptions et recommandations des normes nationales et à la réglementation applicable ; et
- dans un délai fixé à la suite de la réception : les plans et autres documents conformes à l'exécution, pliés au format normalisé A4.

Le plan de récolement est un plan qui intervient à la fin d'un chantier afin de vérifier les travaux réalisés. Il est fait à l'achèvement des travaux de construction afin de permettre la vérification de la conformité de la réalisation des travaux et des installations par rapport au plan initial.

Le plan de récolement permet ainsi de vérifier l'endroit où ont été placés des objets ou le lieu où ont été effectués les travaux différents de ce qui a été prévu au départ. Les endroits prévisionnels peuvent avoir été changés à cause de la nature du terrain à bâtir par exemple.

Le plan doit être à l'échelle du plan d'exécution, qui comporte le type et le diamètre des canalisations et les câblages ainsi que l'endroit exact où se trouvent. Le plan de récolement doit également présenter les mesures intermédiaires, la place où se trouvent les jonctions électriques, le tubage volontaire ou accidentel, etc.

2) **Le procès-verbal des opérations préalables à la réception (OPR).**

Toutes les opérations menées font l'objet d'un procès-verbal dressé sur-le-champ par le Maître d'œuvre et signé par lui et par l'Entreprise titulaire du marché public ; si cette dernière refuse de le signer ; il en est fait mention.

Suivant la date du procès-verbal, le Maître d'œuvre fait connaître à l'Entreprise titulaire du marché public s'il a ou non proposé au Chef de Projet (le maître d'œuvre) de prononcer la réception provisoire des ouvrages et, dans l'affirmative, la date retenue pour l'achèvement des travaux et les réserves dont il a éventuellement proposé d'assortir la réception.

En effet la visite préalable permet de faire l'état d'avancement du chantier pour voir s'il est judicieux de planifier d'ores et déjà la réception. Les opérations préalables à la réception font l'objet d'un procès-verbal dressé sur-le-champ par le Maître d'œuvre et signé par le Maître d'œuvre et l'Entreprise titulaire du marché public, voir **modèle procès-verbal (OPR) annexe N° 8.**

Le procès-verbal des opérations préalables à la réception provisoire contient :

a) la signature du Maître d'œuvre et de l'entreprise ;

b) la mention de la présence du Maître d'ouvrage ;

c) la mention de l'absence de l'entreprise ;

d) la mention des réserves s'il y a lieu.

Un procès-verbal pour les opérations préalables à la réception qui se borne à énoncer un certain nombre de réserves et qui n'a été signé par aucune partie ne saurait être considéré. Dans un délai de 15 jours suivants, la date d'établissement du procès-verbal, le Maître d'œuvre fait connaître à l'entreprise, s'il a ou non proposé au Maître d'ouvrage de prononcer la réception ; la date d'achèvement qu'il a proposé de retenir ; les réserves éventuelles assortissant la réception ; les essais non effectués.

Au vu du procès-verbal des OPR, et des propositions du Maître d'œuvre, le Maître d'ouvrage a le choix entre trois décisions : prononcer la réception sans réserve ; prononcer la réception avec réserves ; refuser la réception.

Seul le Maître d'ouvrage a qualité pour prononcer la réception provisoire. S'il décide de prononcer la réception, il fixe la date qu'il retient pour l'achèvement des travaux. Il dispose alors d'un délai pouvant aller jusqu'à 45 jours suivant la date du procès-verbal de réception pour notifier à l'Entreprise titulaire du marché public sa décision.

À défaut de notification dans ce délai, les propositions du Maître d'œuvre sont considérées comme acceptées. En revanche, le Maître d'ouvrage va s'appuyer sur le maître d'œuvre pour prendre sa décision.

Le Maître d'œuvre est, au stade préparatoire et à la réception provisoire, soumis à une obligation de conseil très importante. Ainsi, en s'abstenant fautivement d'inviter l'Autorité contractante ou Maitre d'ouvrage à ne pas prononcer la réception provisoire, le Maître d'œuvre engage non seulement sa responsabilité contractuelle, mais également sa responsabilité décennale.

b. Les étapes de la réception provisoire des travaux.

La procédure de réception provisoire est nécessairement subordonnée à l'achèvement des travaux. Le titulaire du marché ou l'Entreprise titulaire du marché public doit informer par écrit le Maître d'œuvre de la date à laquelle elle estime que les travaux ont été achevés ou le seront.

Le Maître d'œuvre procède à la pré-réception provisoire en examinant les ouvrages, examen auquel peut assister le titulaire du marché et qui donne lieu à un procès-verbal. Au vu du procès-verbal, dressé par le maître d'œuvre, l'Autorité contractante ou Maître d'ouvrage peut, comme précédemment annoncé :

- **prononcer la réception sans réserve ;**
- **prononcer la réception avec des réserves** si certaines prestations ne sont pas bien exécutées et fixer une date retenue pour l'achèvement des travaux à reprendre.

1) La réception provisoire sans réserve.

La réception provisoire sans réserve exonère l'Entreprise titulaire du marché public de toute responsabilité pour les désordres apparents. Un procès-verbal de réception provisoire sans réserve signifie que l'Autorité contractante ou Maître d'ouvrage a accepté les travaux ainsi que les vices apparents existants éventuellement à ce moment.

Les dommages intermédiaires, pouvant porter atteinte à la destination ou à la solidité, sont souvent, eux aussi, couverts par l'absence de réserves. La réception provisoire sans réserve exclut ultérieurement toute responsabilité contractuelle de l'Entreprise titulaire du marché public. La reprise des vices apparents non réservés à la réception provisoire sera à la charge de l'Autorité contractante ou Maître d'ouvrage.

2) La réception provisoire avec réserves.

La réception provisoire avec réserves, implique que les défauts apparents (désordres de conformité ou malfaçons) ne peuvent être indemnisés au titre de la garantie de bonne exécution et de la retenue de garantie que s'ils sont mentionnés dans le procès-verbal de réception.

Les réserves à la réception sont les réserves émises par l'Autorité contractante ou Maître d'ouvrage. Elles ont pour fonction de maintenir les droits de l'Autorité contractante ou Maître d'ouvrage à recevoir un ouvrage conforme aux spécifications du contrat et aux règles de l'art. Elles ne font pas obstacle à la réception.

(i) Réception provisoire et désordres apparents.

Un vice ou désordre apparent est une différence, par rapport aux stipulations contractuelles, qui peut être constatée lors d'une première visite attentive. Toute non-conformité doit être dénoncée à la réception provisoire par le Maître d'ouvrage, faute de quoi, elle ne pourra faire l'objet d'aucune réparation.

Tous les dommages comme défaut d'étanchéité de la toiture, défaut d'isolation thermique, déformation de la charpente o de dalle de compression, défauts sur les canalisations encastrées, fissuration des fondations d'un mur porteur, décollement de l'enduit ou du crépi pouvant entraîner des infiltrations, sont à signaler, dans le cas contraire, ils feront partie des éléments couverts par la garantie décennale « dommages-ouvrage ».

Lorsque l'on réalise la réception provisoire de travaux, il est important de dresser la liste des « levées de réserve » ou **procès-verbal de levée des réserves, modèle, voir Annexe n°11.** Il s'agit de la liste des travaux normalement légers (puisque les OPR ont déjà été faites) à réaliser encore pour que le bâtiment puisse être considéré comme terminé.

Par contre, la réception provisoire du second œuvre et des finitions révèle une multitude de petits détails à surveiller, tels que seuils de portes bien fixés, moquette bien collée, joints étanches entre sol et murs pour les pièces d'eau, joints des carrelages muraux soignés, sol du premier étage arrivant à "fleur de l'escalier", coup de peinture à repasser, etc.

Cela peut-être par ailleurs de petites retouches (pose d'une manœuvre de store, remplacement de poignées de porte, réglage de porte) à faire pièce par pièce. Lors de la réception provisoire, il est important de vérifier que le raccordement aux énergies (eau, électricité) et aux fluides (notamment pour les installations hospitalières) a été effectué et tous les circuits liquides étanches, s'assurer que les câbles ont été bien dérivés.

Les réserves mineures ou « menues réserves » ne doivent pas empêcher de prononcer la réception. Il convient de surseoir simplement au décompte définitif jusqu'à ce qu'elles soient exécutées par les titulaires de marchés ou déduites du décompte les sommes nécessaires à la réparation des malfaçons.

Il est également possible lorsque le Maître d'ouvrage constate à la réception que des travaux exécutés ne correspondent pas exactement aux conditions convenues dans le marché, plutôt que de refuser la réception correspondante, il peut être possible de proposer l'application une réfaction sur le prix global du marché.

Toutefois, le Maître d'ouvrage peut refuser la réception si les travaux ne sont pas achevés, sous réserve de leur importance, ou si les vices de conception ou de construction sont trop importants. Les réserves dûment qualifiées permettent de prolonger la responsabilité contractuelle de l'Entreprise titulaire du marché public tant qu'elles ne sont pas levées.

La fin des travaux est donc sanctionnée par une réception provisoire après vérification du respect du cahier des charges et des plans contenus dans le Dossier d'Appel à la Concurrence. Un Procès-verbal de réception provisoire **(voir annexe N° 9)** est élaboré à cet effet. Il est consigné dans le Procès-verbal, les réserves constatées qui doivent être levées dans un délai fixé d'accord-parties.

Un constat de levée des réserves est fait par l'Autorité contractante (ou Maître d'ouvrage) assistée du maître d'œuvre. Un certificat de levée des réserves est établi à cet effet. C'est au maître d'œuvre qu'incombe cette mission, mais, le Maître d'ouvrage ne peut se dérober à sa propre vérification. Tous les documents en main, y compris la facture de fin de chantier. Il lui revient de prendre les dispositions nécessaires vis-à-vis de l'Entreprise titulaire du marché public.

(ii) <u>Réception provisoire et désordres non apparents.</u>

Les désordres non apparents ou vices cachés sont les défauts qui ne sont pas identifiables par un profane, au premier coup d'œil.

Par exemple : des fissures notamment celles en diagonale qui apparaissent suite à la mise en place de l'édifice ; un tuyau de vidange qui ne fonctionne pas correctement ; la peinture d'un mur qui s'écaille.

Pour obliger le titulaire du marché à remédier aux vices de construction ou de conception, les réserves doivent revêtir une certaine importance au regard de l'ensemble des travaux.

Il faut faire la distinction entre les vices cachés légers et les vices cachés qui compromettent la solidité de l'ouvrage. Pour les vices cachés qui compromettent la solidité de l'ouvrage, il est possible que le Maître d'ouvrage émette une décision de non-réception définitive.

Pour signifier cette décision, il est possible d'utiliser **le modèle de décision de non-réception (en annexe 10).** Il est à rappeler que les vices cachés sont couverts par la responsabilité décennale de l'Entreprise titulaire du marché public, qui commence à l'acceptation (ou réception) des travaux.

La garantie décennale ne s'applique pas aux vices cachés légers (par exemple : les fissures longitudinales et verticales des murs et au sol, le descellement du carrelage dans les salles d'eau). Il est donc recommandé de signaler ces défauts dès leur apparition au cours de la période de la première année après la livraison.

Au demeurant, pour ces petits défauts, il est possible de prévoir des arrangements contractuels précisant les défauts qui peuvent être invoqués et pendant quelle durée.

3) **Cas particulier de réception provisoire partielle.**

Une prise de possession de certains prestations par le Maître d'ouvrage est parfois nécessaire, pour permettre d'assurer la continuité d'un service public ; ou pour des travaux comportant un phasage avec mises en service d'ouvrages échelonnés dans le temps.

Cette prise de possession conduit à une réception partielle, qui ne vaut réception que si, le marché le prévoit expressément. Elle coïncide généralement avec des tranches de travaux, ou des catégories d'ouvrages d'un même marché.

(i) Prise de possession et réception partielle de l'ouvrage.

Une mise à disposition d'un ouvrage achevé, en vue de son exploitation par exemple, correspond en fait à une prise de possession.

Cette prise de possession doit faire l'objet d'une réception partielle lorsque le marché, ou un ordre de service prescrit à l'Entreprise titulaire du marché public de mettre, pendant une certaine période, certains ouvrages, ou certaines parties d'ouvrages, non encore achevées à la disposition du Maître d'ouvrage.

Il est possible que celui-ci en prenne possession des ouvrages et veuille notamment exécuter, ou faire exécuter par d'autres Entrepreneurs, des travaux autres que ceux qui font l'objet du marché. Quoi qu'il en soit, avant la mise à disposition des ouvrages ou parties d'ouvrages, un état des lieux est dressé contradictoirement entre le Maître d'œuvre et l'Entreprise titulaire du marché.

L'Entreprise titulaire du marché public peut faire des réserves si elle estime que les caractéristiques ne permettent pas ces travaux ou que lesdits travaux risquent de les détériorer. Ces réserves doivent être faites par écrit et adressées au Maître d'œuvre. Lorsque la période de mise à disposition est terminée, un nouvel état des lieux contradictoire est dressé.

(ii) Les avantages liés à la réception partielle.

La réception partielle reflète d'abord une réalité de prise en possession d'un ouvrage et clarifie la situation et les responsabilités de chacun dans un cadre équilibré. Elle permet au Maître d'ouvrage de :

- prendre possession, exploiter au plus tôt l'ouvrage dans des conditions claires de responsabilité, ce qui réduit la part de risque du titulaire ;
- d'accélérer la levée des réserves sur l'ouvrage déjà exécuté.

(iii) Modalités d'application de la réception partielle.

Les étapes recommandées en cas de réception partielle sont les suivantes :

- établir un constat, avec ou sans réserve, d'achèvement de la construction relatif à l'ouvrage concerné ;
- établir un procès-verbal pour la réception partielle (avec ou sans réserve) entraînant, pour l'ouvrage concerné, les conséquences prévues pour la prise de possession et les garanties ;
- procéder à la réception partielle.

La réception partielle provisoire entraîne le transfert de la propriété et des risques au profit du Maître d'ouvrage et constitue le point de départ de l'obligation de garantie contractuelle. La réception partielle ne libère ni l'entreprise ni le Maître d'œuvre de leur responsabilité contractuelle sur le fonctionnement global de l'ensemble des installations de l'infrastructure.

10.1.1.2 Réception définitive et libération retenue de garantie.

Pour les travaux dont on n'aura pas pu constater le non-achèvement à la réception provisoire, l'Autorité contractante ou Maître d'ouvrage pourra encore faire revenir l'Entreprise titulaire du marché public pendant un an après la livraison.

C'est ce qu'on appelle l'année de parfait achèvement au niveau des standards internationaux. Il s'agit d'un suivi pendant un an après la réception provisoire pour voir s'il n'y a pas de malfaçons ou des oublis non imputables à l'usure normale du bâtiment ou à son utilisation.

Lorsque l'on réalise la réception définitive des travaux, il est important de dresser la liste des « levées de réserve » ou un **Procès-verbal de levée des réserves, voir le modèle, Annexe N° 11.**

Il s'agit de la liste des malfaçons à reprendre pour que le bâtiment puisse être considéré comme complètement et terminé. C'est alors que le maître d'œuvre propose au Maître d'ouvrage une **décision relative à la levée des réserves, voir modèle à l'Annexe N 12.**

La responsabilité du titulaire du marché reste engagée pendant un certain temps appelé "délai de garantie". La réception définitive est prononcée à l'expiration du « délai de garantie » et dégage définitivement la responsabilité du titulaire du marché.

La réception définitive n'est jamais automatique un an après la réception provisoire. Elle doit être demandée par l'Entreprise titulaire du marché public et par envoi recommandé. Elle doit se préparer avec le maître d'œuvre et doit faire l'objet d'un document signé par toutes les parties intervenantes ; elle est le point de départ de toutes les garanties. Le Maître d'ouvrage a le choix d'agir à l'encontre des dommages cachés (n'ayant pas fait l'objet de réserves à la réception provisoire). L'action du Maître d'ouvrage peut se faire s'il dénonce les dommages dans le délai d'un an après la réception. En conséquence, en l'absence de réception, la garantie décennale ne peut pas être mise en œuvre.

Une garantie décennale prévoit généralement que l'Entreprise titulaire du marché public est responsable pendant dix ans pour les éventuelles fautes commises dans l'exécution du travail. Il ne faut pas non plus se leurrer, tout n'est malheureusement pas couvert par cette garantie décennale et les procédures pour la réparation des dommages couverts sont lentes et lourdes. C'est pourquoi il est vivement conseillé de bien ouvrir les yeux lors de la réception définitive. Au terme du processus, il est dressé, un **Procès-verbal de réception définitive, voir le modèle en annexe 13**. La signature du Procès-verbal de réception définitive permet la levée et la libération de la retenue de garantie.

10.1.1.3 <u>Responsabilité après la réception définitive.</u>

a. <u>Responsabilité décennale des constructeurs.</u>

La responsabilité décennale des constructeurs (l'architecte, le bureau d'études, le promoteur, l'Entreprise titulaire du marché public, l'artisan) démarre en principe à la réception définitive, à moins qu'il n'ait été convenu dans le contrat de marché d'attacher un effet d'agréation des travaux à la réception provisoire.

La responsabilité décennale est une responsabilité d'ordre public. Il n'est pas possible de s'en exonérer, d'y déroger contractuellement ou de la restreindre que ce soit sur le plan du délai ou sur le plan des vices auxquels elle s'applique.

Le délai de dix ans est un délai de déchéance qui ne peut être interrompu que par une reconnaissance de responsabilité.

Les travaux de réparation exécutés dans le cadre de cette responsabilité font courir un nouveau délai de 10 ans en ce qui les concerne.

b. Conditions de mise en œuvre de la responsabilité décennale.

Trois conditions doivent être remplies pour que la responsabilité décennale soit mise en cause.

Première condition : il doit s'agir d'un vice grave, c'est-à-dire, un vice mettant ou pouvant mettre en péril la solidité du bâtiment ou d'une partie importante de celui-ci. Il faut donc qu'il s'agisse d'un vice susceptible de provoquer, à terme, la perte totale ou partielle de l'infrastructure.

Deuxième condition : le vice doit affecter le gros œuvre ou toute installation nécessaire ou essentielle pour l'infrastructure.

Il s'agit des travaux qui touchent à la structure ou aux parties essentielles du bâtiment comme un mur, une toiture, une installation de chauffage et les canalisations d'eau.

Troisième condition : il faut que le vice résulte d'une faute des constructeurs qu'il s'agisse de l'Entreprise titulaire du marché public ou de l'architecte.

L'existence d'une dégradation telle que, par exemple, une fissuration, la non étanchéité ou autre phénomène anormal n'entraîne pas automatiquement la responsabilité de l'Entreprise titulaire du marché public ; en effet, encore faut-il que le désordre reproché soit dû à une faute dans la manière dont la prestation a été accomplie.

A titre d'exemples, il est possible de citer comme vices tombant sous la responsabilité décennale : l'absence d'isolation entraînant humidité et moisissures menaçant la solidité du bâtiment, des fondations inadaptées à la nature du terrain.

Un problème d'isolation acoustique, par contre, ne tombera pas sous la responsabilité décennale parce qu'il ne porte pas atteinte à la stabilité de l'ouvrage ; de même, des fissures affectant un carrelage, ou des dalles ne constituant qu'un simple revêtement à caractère esthétique.

10.2 RÉCEPTION DES FOURNITURES ET ÉQUIPEMENTS.

Quelle que soit la démarche à l'importation, il est important d'effectuer en relation avec le titulaire du marché à un contrôle qualité avant l'envoi des marchandises commandées. Il importe donc de contrôler la quantité de produits, pour être sûr que ceux-ci correspondent bien au cahier des charges ou spécifications transmis au fournisseur du titulaire si ce dernier n'est pas lui-même le fabricant et cela avant le début de la production (dimensions, couleurs, poids, etc.) ; il est aussi important de vérifier ou faire vérifier les certifications, il y a tellement de choses à observer avant de faire partir des marchandises, qu'il faut s'y prendre à l'avance et organiser l'inspection.

10.2.1 Inspections et essais.

Avant la livraison des biens commandés ou objet d'un marché, il est important de procéder à des essais et inspections. Les Inspections et Essais avant livraison et à la réception peuvent être faits par les services techniques de l'Autorité contractante ou par les services spécialisés de l'État.

Ces essais et inspections se font au niveau des entrepôts du fournisseur, pour s'assurer que les fournitures équipements ou biens à acquérir sont conformes aux spécifications techniques et ne comportent aucun défaut ni vice de fabrication.

Quel que soit le mode d'acquisition des biens (à l'importation ou au niveau du pays), dès la réception des fournitures par le transporteur, le titulaire du marché doit le notifier à l'Autorité contractante et lui faire parvenir, la facture décrivant les fournitures, indiquant leur quantité, leur prix unitaire, le montant total ; le bordereau de la livraison/reçu du transporteur et un certificat de garantie du Fabricant ou du Fournisseur ; un certificat d'inspection, émis par le service d'inspection désigné et un certificat d'origine.

Ces documents devront être reçus par l'Autorité contractante, si cela est possible avant l'arrivée des fournitures.

10.2.2 Livraison et réception des fournitures

Quelle que soit la nature des prestations objet d'un marché public, la réception est l'acte par lequel une Autorité contractante constate que l'exécution des prestations demandées est conforme aux diverses prescriptions du marché.

Les fournitures à livrer doivent être conformes aux prescriptions du marché et à l'offre du titulaire compte tenu des règles de l'art (qui se définissent comme le comportement technique approprié, accessible à l'ensemble des professionnels dont relève son application, et qui correspond à l'état de la technique au moment de la réalisation de la prestation).

10.2.2.1 Définition livraison et réception de fournitures.

a. Définition de la livraison de biens ou fournitures.

La livraison peut être définie comme étant l'acte par lequel le titulaire du marché remet les fournitures, biens ou équipements à l'Autorité contractante. Le titulaire du marché exécute par là son obligation de délivrance qui constitue la deuxième étape d'une opération d'achat-vente et est l'une des obligations du titulaire du marché, née du contrat de fournitures de biens ou d'équipements.

1) Documents de la livraison des biens et des équipements.

Plusieurs documents circulent à cette étape d'une acquisition :

(i) L'avis d'expédition des biens et équipements.

Il rappelle la date et la nature de la commande et est adressé au titulaire du marché par son fournisseur, préalablement à l'expédition, pour lui en donner les détails concernant la date, le lieu et le mode.

(ii) Le bordereau de livraison de biens et équipements.

Le bordereau de livraison de biens et équipements est le document, établi par le titulaire du marché à la préparation de la livraison, il accompagne la marchandise et est remis à l'Autorité contractante ou à toute autre personne désignée par cette dernière, par le livreur.

Il comporte les informations essentielles sur l'envoi relatives à la date de livraison des biens et des équipements ; le nom du client et l'adresse de livraison des biens et des équipements ; le détail des marchandises livrées (nature, référence, quantité). Il est généralement établi en deux exemplaires, l'un conservé par le livreur, l'autre, détenu par l'Autorité contractante sert de support à partir duquel il est fait le point des fournitures reçues.

(iii) Le bordereau de réception des biens et équipements.

Ce document est en général un duplicata du bordereau de livraison des biens et des équipements, il est signé par le comptable matières ou le réceptionnaire mandaté par l'Autorité contractante.

b. Définition de la réception de biens.

La réception de biens, au sens large du terme, est donc l'acte par lequel une Autorité contractante déclare accepter les biens avec ou sans réserve directement des mains du livreur du titulaire du marché. Elle est faite par un réceptionnaire désigné par l'Autorité contractante. L'acceptation des fournitures et des biens met fin aux obligations contractuelles du titulaire.

La remise des fournitures et des biens par le livreur est effectuée dans tous les cas contre signature par le réceptionnaire de la copie du bon de livraison.

En règle générale, la réception matérialise le transfert de propriété et déclenche le paiement de la facture suivant le contrat passé avec le titulaire du marché.

Une réception de fournitures met donc le réceptionnaire mandaté par l'Autorité contractante face à deux acteurs que sont :

- ***le titulaire*** qui est responsable de la qualité et de la quantité des produits livrés par rapport à la commande passée dans le cadre du marché ;

- ***le livreur*** qui est responsable des avaries et manquants survenus au cours du transport, à condition qu'ils soient constatés à l'arrivée de la marchandise et en présence du chauffeur.

Le réceptionnaire a pour obligation de vérifier la conformité des fournitures et biens livrés avant de signer le bordereau de livraison. Toute anomalie concernant la livraison (avarie, ou article manquant par rapport au bon de commande et au bordereau de livraison.), doit être indiquée sur le bordereau de livraison qui sera contresigné par le réceptionnaire de l'Autorité contractante.

Ce dernier doit en effet émettre des réserves écrites, précises et motivées sur les documents de livraison et en présence du livreur. Les coordonnées du livreur doivent pour cela figurer sur le bordereau de livraison.

Les formules générales du type : « sauf vérification ultérieure » ou « sous réserve de déballage », n'ont pas une valeur juridique.

Lors de la livraison, le travail du réceptionnaire, d'une manière globale, se résume à surveiller le déchargement des marchandises ; superviser le contrôle et le rangement des fournitures et biens acquis.

Du point de vue administratif, il a la charge de vérifier les documents de livraison pour s'assurer que ce qui y est inscrit correspond aux fournitures reçues et aux prescriptions du cahier des charges.

Pour ce faire, il doit noter les quantités manquantes, contrôler l'état des biens et fournitures et refuser celles qui sont endommagées ; émettre les réserves et les transcrire sur les documents appropriés.

Après la réception des biens et des fournitures qui, parfois peut-être partielle, le réceptionnaire doit par le truchement de l'Autorité contractante confirmer toute anomalie en adressant au titulaire du marché, une lettre avec accusé de réception, exposant toutes les réclamations.

Ces réclamations sont transmises dans les meilleurs délais qui suivent la livraison et au plus tard dans les deux jours. A la fin de toutes les opérations de contrôle, le réceptionnaire désigné par l'Autorité contractante prend livraison et dresse un procès-verbal de réception pour les biens et fournitures acceptées.

1) **Contrôle des fournitures avant l'entrée en stock.**

Le contrôle des fournitures est une opération qui consiste à vérifier si les articles reçus sont conformes aux prescriptions du marché ou du bon de commande. Il s'applique aussi bien sur l'emballage et son contenu. D'une manière générale, le contrôle des articles est à la fois qualitatif et quantitatif.

Un modèle pour la réception des fournitures courantes (Annexe N° 7) retrace l'ensemble des considérations dont il faut tenir compte, tant du point de vue quantitatif que qualificatif, pour faire une bonne réception.

Le contrôle quantitatif. Le contrôle est quantitatif lorsque les vérifications sont basées sur le décompte des articles, un par un, ou en masse. Mais dans ce dernier cas, le comptable des matières peut avoir recours à la technique des sondages ou décompte aléatoire ou aux appareils de mesure. Lorsque l'article reçu est un article composé, le décompte des quantités se fait d'abord sur l'article même, ensuite sur ses composants.

Le contrôle qualitatif. Le contrôle qualitatif est un jugement porté sur la qualité de l'article reçu. C'est-à-dire, sur son aptitude à satisfaire le besoin de son utilisateur. Il s'applique aussi bien sur l'emballage que sur le contenu de cet emballage. En principe, il est recommandé d'ouvrir tous les emballages (cartons, caisses, charges palettisées ...) à l'exception de celui des ramettes de papier afin d'en vérifier le contenu.

Exemple : Lorsque le magasinier se trouve face à une énorme quantité d'un article (Exemple 20 000 Gilets de sauvetage de 100 N), le contrôle qualitatif ne peut qu'être appliqué sur des échantillons.

La réception effective des articles ainsi que les réserves sont à noter sur le bon de réception. Toute livraison comporte des risques (accident, avarie...) qui ont été précisés, lors de la passation du marché (voir incoterms utilisés).

Les critères de vérification lors du contrôle qualitatif sont divers et diffèrent d'un article à un autre. Ils peuvent porter sur :

- **la référence du fabricant** : lorsque la référence marquée sur l'article est différente de celle habituellement connue, des vérifications sont absolument nécessaires dans les documents techniques. Il faut se rassurer que ce dernier est compatible. L'avis d'un utilisateur final et la comparaison avec un article déjà disponible en stock pourront aider à confirmer cette hypothèse.

  La référence, le numéro de châssis pour les automobiles et motos, le numéro de série de fabrication, pour le matériel informatique et les matériels de bureau, permet un contrôle formel de la qualité, mais aide aussi à contenir les risques de substitution ou changement de matériel.

- **la couleur du contenu** : d'un point de vue technique, la couleur donnée à un produit est un élément distinctif corrélativement à son utilisation ; si l'article reçu ne porte pas sa couleur habituelle, il est essentiel de se renseigner s'il remplit bien les mêmes fonctions.

- **la matière** : la matière utilisée pour la fabrication d'un article est le plus souvent liée à ses conditions d'utilisation, à sa résistance. En cas de doute, l'avis de l'utilisateur final est primordial. Lorsque ce doute porte sur des pièces mécaniques, des logiciels ou autres composants électroniques, l'expertise d'un technicien qualifié est fortement recommandée ;

- **Les dimensions** : le respect des dimensions du matériel commandé notamment pour la bureautique est nécessaire. Une prise de mesures doit être effectuée à chaque réception.

Une fois les fournitures contrôlées, au cas où elles seraient destinées à plusieurs utilisateurs, il est recommandé de dresser dans les meilleurs délais les « Actes de transfert » qui seront contresignés par les bénéficiaires qui indiqueront, les quantités, les références des fournitures et équipements le cas échéant et procéder au "dispatching".

Il est aussi pertinent d'indiquer les modalités de livraisons dans le Dao sous formes de charges connexes de sorte que les Candidats puissent chiffrer le service et acheminer directement les fournitures aux ayant-droits contre décharge. Les bordereaux signés seront alors collectés par le titulaire et remis à l'Autorité contractante.

10.3 RÉCEPTION DES PRESTATIONS INTELLECTUELLES

Le plus clair du temps, le travail du Prestataire de services intellectuels ou Consultant est sanctionné par le dépôt de rapports. Dans un premier temps, il est soumis à l'Autorité contractante les rapports et documents indiqués dans la Demande de propositions, dans la forme, les délais et suivant les quantités indiquées.

A la réception des rapports, l'Autorité contractante par l'entremise du coordinateur du contrat de marché, les transmet aux différents experts chargés de les exploiter et de partager avec les utilisateurs finaux avant la tenue des réunions de validation.

L'exploitation du contenu des rapports et leur validation sont faites par un comité dénommé Comité d'approbation ou de validation. Ce comité valide à l'interne ou au cours d'une séance de restitution les rapports remis par le Prestataire de services intellectuels.

Pour la validation des rapports, le Prestataire de services intellectuels peut parfois être invité à présenter les fruits de son travail devant un panel d'experts ou de responsables du secteur de l'étude au sein de l'Autorité contractante.

Cette présentation par le Prestataire de services intellectuels de son travail est souvent suivie de discussions techniques aux termes desquelles le Comité de validation, suivant les orientations et indications prévues par les termes de référence, approuve ou non le ou les différents rapports.

Pour l'organisation matérielle de la restitution ou réunion des comités de validation autant que faire se peut, ne jamais donner au Prestataire de services intellectuels la possibilité de les organiser pour le compte de l'Autorité contractante, quel que soit le nombre d'experts conviés à la réunion de restitution.

L'examen des rapports est généralement suivi d'observations ou suggestions visant à améliorer la qualité du rapport. Le Prestataire de services intellectuels intègre les observations et suggestions en reprenant certains passages du ou des rapports.

Le dernier paiement est généralement lié à la remise par le Prestataire de services intellectuelles et approbation par l'Autorité contractante du rapport intitulé « Rapport final » et de la facture intitulée « facture finale ». Alors à ce moment, les prestations seront achevées et acceptées par l'Autorité contractante.

10.3.1 Exploitation des résultats des prestations intellectuelles.

Deux cas peuvent se présenter :

10.3.1.1 Exploitation des marchés sans une clause de propriété intellectuelle

Tous les plans, dessins, spécifications, études, rapports, autres documents et logiciels préparés par le Prestataire de services intellectuels pour le compte de l'Autorité contractante en vertu du marché deviendront et demeureront la propriété de cette dernière. Ce droit de propriété lui confère un certain nombre de droit.

L'Autorité contractante peut utiliser les résultats des prestations même partiels, et les communiquer à des tiers ; elle peut librement publier les résultats, dans ce cas, elle doit mentionner l'identité du titulaire du marché.

Des obligations pèsent aussi sur le titulaire du marché, il ne peut en aucun cas faire un usage commercial des résultats des prestations, sans l'accord préalable de l'Autorité contractante.

Il ne peut pas non plus communiquer les résultats des prestations à des tiers, à titre gratuit ou onéreux, qu'avec l'autorisation de l'Autorité contractante ; sauf stipulation contraire, la publication doit aussi mentionner que l'étude a été commanditée par l'Autorité contractante.

10.3.1.2 Exploitation des marchés avec une clause de propriété intellectuelle

a. Les obligations de l'Autorité contractante

L'Autorité contractante ne peut utiliser les résultats, même partiels, des prestations que pour les besoins précisés par le marché, que ces besoins lui soient propres ou qu'ils soient ceux de tiers désignés dans le marché.

L'Autorité contractante et les tiers désignés dans le marché, pour la satisfaction de leurs besoins, ont le droit de reproduire, fabriquer ou faire fabriquer, des objets, matériels ou constructions conformes au prototype ou dessin résultant du marché, ou à des éléments du prototype ou de ces dessins.

L'Autorité contractante peut, après en avoir informé le titulaire, publier des informations générales sur l'existence du marché et la nature des résultats obtenus, de façon telle qu'ils ne puissent être utilisés par un tiers, sans recours au titulaire en mentionnant l'identité de ce dernier.

b. Les obligations du titulaire :

En ce qui concerne l'exploitation des marchés avec une clause de propriété intellectuelle, le titulaire ne peut faire aucun usage commercial des résultats des prestations, sans l'accord préalable de l'Autorité contractante. Il ne peut non plus communiquer, même à titre gracieux, les résultats des prestations à des tiers qu'avec l'aval de l'Autorité contractante. Il ne peut pas aussi publier les résultats qu'avec l'accord préalable de l'Autorité contractante, la publication doit mentionner aussi que l'étude a été financée par cette dernière.

10.4 RÉCEPTION DÉFINITIVE DES PRESTATIONS

Les obligations contractuelles s'éteignent :

- pour les travaux, lorsque l'Autorité contractante ou Maître d'ouvrage accepte de manière définitive les travaux ;
- pour les services physiques lorsqu'ils sont exécutés conformément aux cahiers des charges ;
- pour les fournitures lorsqu'elles ont été livrées et acceptées ;
- pour les prestations intellectuelles lorsque les rapports finaux sont validés.

Dans les marchés de travaux, les garanties post-contractuelles (garantie décennale) obligent cependant, le titulaire, alors que les relations contractuelles sont éteintes, à réparer certains désordres signalés par l'Autorité contractante ou Maître d'ouvrage.

****** *****

CHAPITRE XI
AJOURNEMENT ET RÉSILIATION DES MARCHÉS

11.1 L'AJOURNEMENT DES MARCHÉS PUBLICS.

Pendant l'exécution des travaux, des incidents peuvent survenir, conduisant l'Autorité contractante ou Maître d'ouvrage à ordonner de repousser le commencement des travaux ou leur arrêt. Cette décision prise par l'Autorité contractante dans le langage des marchés publics de travaux est appelée « ajournement ».

Le terme ajournement peut se comprendre comme, la décision prise par une Autorité contractante de différer le début des travaux ou d'en suspendre l'exécution.

L'enjeu de cette décision est la défense des intérêts des cocontractants qui peuvent être confrontés à des situations particulières. En effet, toute entreprise titulaire du marché public de bâtiment peut se trouver confrontée à un arrêt des travaux dans le cadre d'un marché qui lui a été attribué.

Ces arrêts perturbent tant l'Autorité contractante ou Maitre d'ouvrage que l'Entreprise titulaire du marché public. Cette dernière qui voit son plan de charge modifié doit faire face aux répercussions sur sa trésorerie ; pire, sa vie et celle de ses employés peuvent être menacées.

Les motifs de ces arrêts ou ajournements sont variables. Les situations qui peuvent conduire une Autorité contractante à ajourner un chantier résultent des dispositions combinées de différentes clauses du CCAG, applicables aux marchés de travaux. Certains sont prévisibles ou, émanent de la volonté des parties, d'autres sont indépendants de la volonté des parties. Dans certains cas, l'Autorité contractante ou le Maître d'ouvrage a intérêt à le prononcer.

11.1.1 Motifs d'interruption imprévisibles et extérieurs à la volonté des parties :

Les motifs d'interruption de chantier imprévisibles et extérieurs à la volonté des parties peuvent provenir de :

- la défaillance d'une entreprise en amont,
- l'indisponibilité de crédits budgétaires,
- la découverte d'engins explosifs sur le chantier impliquant la condamnation du chantier et ne reprendre les travaux qu'après en avoir reçu l'autorisation par ordre de service ;
- la mise à jour d'objets ou vestiges ;

- les phénomènes naturels non normalement prévisibles ou cas de force majeure extérieurs aux parties imprévisibles et irrésistibles provoquant des pertes et avaries ou dommages ;
- la déclaration de mise en liquidation du titulaire du marché nécessitant la conclusion d'un avenant de transfert (lorsqu'il y a une cession d'activité), sous réserve que la nouvelle entreprise dispose des capacités suffisantes pour réaliser les travaux ;
- problèmes avec les riverains, ou d'annulation de l'exécution demandée par une autorité territoriale dans le cadre du contrôle de légalité, etc.

11.1.2 Motifs d'interruption de chantier prévisibles

Parmi les motifs prévisibles d'interruption de chantier et /ou résultant de la volonté des parties, on peut citer :

- les conséquences du non-respect des obligations réglementaires en matière d'hygiène et de sécurité, induisant un danger grave et imminent pouvant atteindre l'intégrité physique ou la vie des personnes sur le chantier (le chantier est alors arrêté par le Maître d'œuvre sur demande du coordonnateur de sécurité et de protection de la santé, jusqu'à la régularisation de la situation) ;
- les conséquences de l'augmentation de la masse des travaux, au-delà des limites fixées ;
- les cas de litige avec des voisins du chantier, le fait de ne pas suspendre les travaux peut engager sa responsabilité et exonérer l'Entreprise titulaire du marché public de son obligation de garantir les actes des riverains par rapport au chantier et aux dommages qui pourraient être causés par eux relativement aux travaux.

Deux clauses dans le CCAG-Travaux, parlent de l'interruption et l'ajournement des travaux. Le premier mot « interruption » est le fait de l'Entreprise titulaire du marché public. Les initiatives pour le deuxième mot « ajournement », reviennent à l'Autorité contractante ou Maître d'ouvrage.

11.1.2.1 Ajournement des travaux par l'Autorité contractante.

L'ajournement des travaux peut être décidé : c'est ainsi que commence la clause y relative dans le CCAG-Travaux précité sans préciser pour quel motif. Aucune disposition ne définit les causes conduisant à l'ajournement des travaux, ce qui laisse toute la latitude à l'Autorité contractante ou Maître d'ouvrage.

Rien n'indique la procédure qui doit être suivie pour procéder à un ajournement. Un ordre de service du Maître d'œuvre suffit-il ? Ou un courrier de l'Autorité contractante ou Maître d'ouvrage est-il nécessaire ?

Si l'ordre d'ajourner le marché, de la part du Maître d'ouvrage ou du Maître d'œuvre, n'est que verbal, l'Entreprise titulaire du marché public doit-demander que cela soit matérialiser par un écrit pour donner un point de départ à l'ajournement des travaux et pour éviter par la suite de se voir imputer des pénalités de retard injustifiées, des dégradations sur le chantier, causées par des tiers ou par des événements naturels.

a. Ajournements et ouvrages exécutés.

La première action à mener, lorsque l'ajournement est prononcé, c'est la constatation des ouvrages ou des parties d'ouvrage exécutées et des matériaux. Cette constatation doit être faite pour la sauvegarde des droits éventuels des parties.

Les constatations contradictoires concernant les prestations exécutées ou les circonstances de leur exécution sont faites sur la demande, soit du titulaire du marché public, soit du Maître d'œuvre.

Le Maître d'œuvre fixe la date des constatations. Les constatations donnent lieu à la rédaction d'un procès-verbal dressé sur-le-champ par le Maître d'œuvre contradictoirement avec le titulaire du marché public.

Si l'Entreprise titulaire du marché public refuse de signer ce procès-verbal, ou ne le signe qu'avec réserves, elle doit préciser par écrit ses observations ou réserves au Maître d'œuvre. Si l'Entreprise titulaire du marché public, dûment convoquée, n'est pas présente ou représentée aux constatations, elle est réputée accepter le procès-verbal.

b. L'indemnisation du titulaire du marché.

Dans le cas d'un ajournement du chantier, sur décision du Maître d'ouvrage, l'Entreprise titulaire du marché public qui conserve la garde du chantier peut prétendre à être indemnisée des frais que lui impose cette garde et du préjudice qu'elle aura éventuellement subi du fait de l'ajournement (voir la clause du CCAG –Travaux qui s'y rapporte).

L'Autorité contractante ou Maître d'ouvrage, en principe ne peut refuser cette indemnité, si elle est prévue, du fait que le titulaire du marché public n'a aucune responsabilité dans l'interruption du chantier.

Pour pouvoir y prétendre, il est important pour le titulaire du marché de faire des réserves écrites adressées à l'Autorité contractante avec copie au Maître d'œuvre, suite à la décision d'ajournement et après la reprise des travaux. Peuvent être compris dans cette indemnisation :

- les mesures conservatoires pour les travaux exécutés ;
- les frais de garde du chantier (gardiennage) ;
- les variations économiques réelles durant la période de l'ajournement des travaux ;
- l'indemnité relative aux matériaux (achat, stockage, transport sur un autre chantier) ;
- l'indemnité relative au personnel (personnel à rémunérer avant l'envoi sur un autre chantier, frais de licenciement) - l'indemnité relative au matériel (frais de location) ;
- la perte d'activité (marchés pour lesquels l'entreprise aurait soumissionné si une partie de sa capacité de production n'avait pas été affectée au chantier ajourné) ;
- les frais financiers supplémentaires (garantie bancaire prise en remplacement de la retenue de garantie, assurance, gestion).

11.1.2.2 Ajournements successifs et résiliation.

a. L'interruption des travaux par le titulaire.

L'entreprise titulaire du marché doit interrompre ses travaux si un ajournement lui est notifié par écrit par le Maître d'œuvre.

Dans la quasi-totalité des CCAG-travaux visités, au cas où un acompte mensuel n'aurait pas été payé, l'Entreprise titulaire du marché public peut, sous certaines conditions, par lettre recommandée avec demande d'avis de réception adressée au Maître d'œuvre, prévenir le Maître d'ouvrage de son intention de suspendre les travaux au terme d'un délai généralement fixé à quinze (15) jours à compter de la réception de la lettre recommandée évoquée plus haut.

Attention ! Les conditions de forme doivent impérativement être respectées.

Cette interruption peut déboucher sur une demande de résiliation du marché par l'entreprise si une année s'est écoulée sans que le paiement de deux acomptes mensuels ne soit intervenu.

11.2 RÉSILIATION DES MARCHÉS PUBLICS

11.2.1 Définition de la résiliation.

Tout marché public peut faire l'objet d'une résiliation totale ou partielle à l'initiative de l'Autorité contractante :

- en cas de manquement grave du titulaire à ses obligations contractuelles, notamment en matière environnementale ;
- lorsque la réalisation du marché est devenue inutile ou inadaptée compte tenu des nécessités du service public ;
- en cas de survenance d'un événement affectant la capacité juridique du titulaire du marché dans les conditions fixées par les cahiers des charges.

Sauf stipulations contraires, l'Autorité contractante ne peut prononcer la résiliation pour manquement du titulaire à ses obligations qu'après des mises en demeure préalables restées sans effet. La résiliation pouvant être définie comme la décision de mettre fin aux obligations et responsabilités contractuelles du titulaire et à l'exécution du marché public avant son terme. Quatre situations peuvent alors se présenter :

- la résiliation de plein droit ;
- la résiliation pour motif que le marché est devenu inutile ou inadapté ;
- la fin anticipée imposée par l'Administration à son cocontractant ;
- la résiliation du marché public à la demande du titulaire.

11.2.2 La résiliation de plein droit.

La résiliation est de plein droit lorsque le titulaire du marché se trouve dans l'impossibilité absolue d'en poursuivre l'exécution. Trois situations justifient cette résiliation de plein droit :

- en cas de décès du cocontractant-personne physique, si l'Autorité contractante n'accepte pas, s'il y a lieu, les offres des héritiers pour la continuation des travaux ;
- en cas de faillite, si l'Autorité contractante n'accepte pas les offres faites par le syndic autorisé par le tribunal pour la continuation de l'exploitation de l'entreprise ;
- en cas de liquidation ou de règlement judiciaire, si le cocontractant n'est pas autorisé à continuer l'exploitation de l'entreprise.

En cas de règlement judiciaire ou de liquidation des biens de l'Entreprise titulaire du marché public, si elle est prononcée, la résiliation prend effet à la date de la décision du syndic de renoncer à poursuivre l'exécution du marché ou à l'expiration du délai fixé par la réglementation. Elle n'ouvre droit, pour l'Entreprise titulaire du marché public, à aucune indemnité.

Dans plusieurs CCAG-Travaux, rien n'indique ce qui doit être fait en cas de décès du titulaire bien que la clause censée traiter de la question soit libellée « *Décès, incapacité, règlement judiciaire ou liquidation des biens de l'Entreprise titulaire du marché public* ». Certains codes ont redressé cette clause pour dire qu'en l'absence de dispositions contractuelles, le décès du cocontractant n'entraîne pas une résiliation, de plein droit.

11.2.3 **Résiliation pour convenance.**

Le « motif que le marché est résilié pour convenance ou est devenu inutile ou inadapté compte tenu des nécessités du service public » bien souvent se confond avec l'intérêt du service public.

Néanmoins, l'Autorité contractante initiatrice d'une résiliation pour motif que le marché est devenu inutile ou inadapté, doit apporter une attention particulière à la motivation de sa décision.

En l'absence de tout motif, la résiliation unilatérale est constitutive d'une faute de nature à engager la responsabilité contractuelle de l'Administration.

Outre les motifs invoqués, l'Autorité contractante devra indiquer les délais pour l'exécution des tâches stipulées dans le marché et la date à laquelle la résiliation prend effet.

Nonobstant ces motifs, une Autorité contractante peut résilier le marché en l'absence de toute faute de la du titulaire lorsque la réalisation du marché est devenue inutile ou inadaptée compte tenu des nécessités du service public.

Ce pouvoir recouvre des situations différentes. Parmi les motifs pouvant justifier une résiliation pour motif " le marché est devenu inutile ou inadapté", on peut citer, par exemple, l'abandon d'un projet, notamment en raison des difficultés techniques rencontrées en cours d'exécution, ou le fait, que le projet n'est plus d'actualité.

La contrepartie à ce droit est l'entière indemnisation du titulaire qui n'a commis aucune faute. Une indemnité de résiliation fixée en pourcentage de la valeur des fournitures annulées est à verser au titulaire. Le délai limite de versement de l'indemnité n'est pas donné, cependant un retard important peut ouvrir à l'entreprise, un droit à des intérêts moratoires.

11.2.4 Droit de résiliation et droit d'être indemnisé.

La résiliation pour convenance n'est évoquée que pour les marchés de fournitures. Cependant, force est de constater que le droit de résilier de l'Autorité contractante donne le droit à être indemnisé au titulaire, quel que soit le type de marché public dont l'exécution est prématurément interrompue en dehors de toute faute, ou comportement fautif du cocontractant.

11.2.4.1 Droit de résilier de l'Autorité contractante.

Une Autorité contractante peut, en tout état de cause et en vertu des règles générales applicables aux contrats administratifs, mettre fin avant terme à un marché public, sous réserve des droits d'indemniser le titulaire.

11.2.4.2 Le droit à être indemnisé du titulaire.

La contrepartie du droit de résilier dans l'intérêt du service public réside dans le droit à indemnité totale du titulaire du marché qui, par définition, n'a commis aucune faute.

La résiliation n'a pu intervenir qu'en vertu du pouvoir appartenant à l'Administration de rompre le contrat sous réserve d'indemniser l'Entreprise titulaire du marché public des pertes résultant pour elle de la résiliation, et de lui accorder, le cas échéant, les dédommagements auxquels elle peut légitimement prétendre.

Cette indemnisation doit couvrir l'intégralité du dommage subi par le titulaire, à condition qu'il puisse en justifier le montant, et que cela n'aboutisse pas à un enrichissement indu. Elle prend en compte les dépenses engagées ainsi que le gain manqué par le titulaire. Il est nécessaire dans ce cas d'espèce, d'invoquer un réel motif que le marché est devenu inutile ou inadapté.

Les motifs invoqués et admis sont assez variés, par exemple, l'évolution d'une réglementation ne rend plus indispensable l'exécution d'une prestation. Sont admises de manière générale, les résiliations ayant pour motif que le marché est devenu inutile ou inadapté.

11.2.4.3 Marché de travaux et résiliation pour motif que le marché est devenu inutile ou inadapté et indemnisation du cocontractant.

Un titulaire de marché de travaux doit pouvoir être indemnisé des frais et investissements engagés pour le marché et nécessaires à son exécution si ces frais et investissements n'ont pas été pris en compte dans le montant des prestations payées.

Naturellement, titulaire du marché doit être en mesure d'apporter tous les justificatifs nécessaires à cette demande et établir un décompte de à cet effet. Un marché à tranches conditionnelles peut être résilié par une Autorité contractante dans les mêmes conditions et selon les mêmes modalités que pour tout autre marché public.

L'Autorité contractante pour motif que le marché est devenu inutile ou inadapté peut le résilier. Le titulaire, a droit à l'indemnisation du préjudice qui découle de l'inexécution d'une partie du marché.

Dans le cadre d'un marché à tranches conditionnelles, seule la tranche ferme à laquelle il est mis fin de façon anticipée ouvre droit à indemnisation.

Les tranches conditionnelles ne peuvent ouvrir droit à indemnisation du titulaire que si la résiliation intervient après la décision d'affermissement prise par l'Autorité contractante. Le titulaire a alors droit à l'indemnisation du préjudice qui découle de l'inexécution de cette tranche.

En revanche, si la résiliation intervient avant la décision d'affermissement de la tranche, celle-ci est considérée comme étant abandonnée, au même titre que si l'Autorité contractante avait décidé de ne pas l'affermir. Dans ce cas, le titulaire ne peut prétendre à aucune indemnisation, car, en l'absence d'un droit à affermissement, son préjudice est purement éventuel.

11.2.4.4 Marché de fournitures et résiliation pour motif que le marché est devenu inutile ou inadapté et indemnisation du cocontractant.

A l'instar du marché de travaux, la contrepartie du droit de résiliation par une Autorité contractante donne droit à une entière indemnisation totale du titulaire qui, par définition, n'a commis aucune faute. Cependant lorsque le marché est à commandes, la situation peut être moins évidente, et le cocontractant de l'Administration doit être indemnisé du préjudice éventuellement subi lorsque le montant minimal de prestations n'a pas été atteint.

Ce préjudice doit correspondre à la perte de marge bénéficiaire qu'aurait dégagée l'exécution du montant minimal de commandes prévu au marché et, le cas échéant aux dépenses qu'il a engagées pour pouvoir satisfaire à ses obligations contractuelles minimales.

Dès lors, au-delà du montant minimal inscrit au marché, il n'y a pas d'indemnisation, ce qui laisse entendre que dans le cas d'un marché conclu sans montant minimum, aucun préjudice lié au manque à gagner ne pourrait être revendiqué par le titulaire du contrat.

Attention : La résiliation des marchés à commande et des accords-cadres passés sans minimum ne donne pas droit à une indemnisation, car l'Administration ne s'est engagée sur aucun montant de commande.

Aucune indemnisation n'est due aux titulaires d'un accord-cadre multi attributaire résilié, car ceux-ci ne peuvent justifier d'un manque à gagner certain.

11.2.4.5 Délégation de service public et résiliation pour motif que le marché est devenu inutile ou inadapté et indemnisation du cocontractant.

L'indemnisation du montant des investissements non amortis n'est pas propre à la résiliation pour motif que le marché est devenu inutile ou inadapté, on la retrouve également lorsque la résiliation fait suite à une faute du cocontractant. Elle intervient principalement dans les délégations de services publics. Il s'agit d'indemniser le cocontractant des investissements qu'il a supportés pour la construction, la réalisation, la fabrication ou l'achat de biens qui sont destinés à devenir la propriété de l'Autorité contractante.

Pour reprendre l'exemple de la concession, il s'agit principalement des biens de retour. L'indemnisation ne concerne que la part non amortie par le cocontractant pendant la durée d'exécution du contrat.

Pour les délégations de services publics, les autorités délégantes doivent veiller à la bonne production du rapport annuel du délégataire, qui doit comprendre obligatoirement un inventaire des biens désignés au contrat comme biens de retour et de reprise du service délégué.

Pour plus de transparence et pour limiter l'incertitude en cas de contentieux, il peut être préférable d'inscrire dans le contrat lui-même les modalités de calcul de la valeur non amortie des investissements, en prévoyant, en principe, la déduction de cette valeur de la part des éventuelles subventions versées.

Si, dans certains contrats, l'amortissement des biens correspond à la durée du contrat, et l'état d'amortissement en cas de résiliation peut facilement se faire au prorata de sa durée d'exécution, la situation peut être délicate lorsque les durées ne correspondent pas. Il est aussi important de noter que l'insuffisance d'une décision de résiliation pourrait engendrer la contrainte à continuer l'exécution du contrat.

11.2.5 La fin anticipée du marché imposée par la personne publique à son cocontractant.

Une Autorité contractante peut provoquer une fin anticipée du marché, pour sanctionner une faute du titulaire, soit pour motif que le marché est devenu inutile ou inadapté, soit en cas de survenance d'un événement affectant la capacité juridique du titulaire du marché dans les conditions fixées par les cahiers des charges.

11.2.5.1 La résiliation sur décision unilatérale de l'Autorité contractante.

Lorsque l'Entreprise titulaire du marché public ne se conforme pas aux dispositions du marché ou aux ordres de service, le Maître d'œuvre le met en demeure d'y satisfaire, dans un délai déterminé, par une décision qui lui est notifiée par écrit.

a. La résiliation pour faute du titulaire.

Tout marché public peut faire l'objet d'une résiliation totale ou partielle à l'initiative de l'Autorité contractante. En cas de manquement grave du titulaire à ses obligations contractuelles. L'Autorité contractante peut enclencher la procédure de résiliation du marché pour une faute d'une particulière gravité.

La sanction infligée ne donne droit à aucune indemnité. Les hypothèses par lesquelles l'Autorité contractante peut engager la résiliation à titre de sanction ainsi que la procédure à suivre, sont précisées par les CCAG.

Exemples :

- une résiliation, pour faute, au motif, que l'entreprise ne respecte pas ses engagements contractuels et les observations qui lui sont adressées, n'est ni abusive ni, eu égard à la gravité des manquements constatés, disproportionnée ;
- un titulaire se livre à des actes frauduleux dans le cadre du marché ;
- un titulaire qui ne respecte pas la réglementation du travail ;
- un titulaire qui cède le marché sans y être autorisé, etc.

Il existe, deux types de résiliations pour faute du titulaire :

- la résiliation simple et
- la résiliation aux frais et risques.

b. Résiliation simple par l'Autorité contractante

La résiliation d'un contrat peut se faire sur simple initiative de l'Autorité contractante ; dans cette hypothèse, l'Autorité contractante supporte les conséquences de cette résiliation. Elle devait éventuellement passer un nouveau marché, elle le fera en respectant les dispositions du Code des marchés publics. Le titulaire est dégagé de ses obligations contractuelles et ne pourra percevoir d'indemnisation.

c. Résiliation aux frais et risques du cocontractant

La Résiliation aux frais et risques du cocontractant impose au titulaire défaillant le surcoût engendré par la passation d'un marché de substitution pour achever les prestations faisant l'objet du marché. Ce nouveau marché devra être passé conformément aux dispositions du code des marchés publics. Deux conditions sont posées pour que le marché de substitution soit opposable au titulaire du marché initial :

- il doit porter sur les prestations restantes qui sont celles définies dans le marché initial. Le dossier de consultation du nouveau marché ne pourra donc comporter aucune modification par rapport au premier contrat ;
- l'Entreprise titulaire du marché public défaillant se verra notifier la décision de passer un nouveau marché, pourra surveiller sa passation et suivre les prestations exécutées par le nouveau titulaire. Elle dispose, en effet, d'un droit à suivre le marché de substitution, afin de préserver ses intérêts.

11.2.6 La résiliation à la demande du titulaire.

Pour les marchés de travaux, il est possible de relever trois hypothèses dans lesquelles le titulaire peut demander la résiliation :

- si les travaux doivent commencer après la notification et l'Autorité contractante n'a pas notifié l'ordre de service de commencer les travaux dans le délai fixé ou bien il s'est écoulé plus de trois mois après la notification du marché ;
- si, par suite d'un ajournement ou de plusieurs ajournements successifs, les travaux ont été interrompus ;
- si le titulaire décide d'interrompre les travaux parce qu'un acompte mensuel n'aurait pas été payé.

En cas de résiliation du marché imputable à l'Autorité contractante, le titulaire peut, en complément du remboursement des dépenses occasionnées par un éventuel ajournement préalable, demander le versement d'une indemnité.

Cette indemnité correspondant au préjudice subi dûment constaté qui ne peut, en aucun cas, être supérieure à la perte des bénéfices du titulaire dont le marché est résilié. La résiliation du marché ouvre droit au profit du titulaire au paiement des fournitures, services, travaux réalisés et non encore réglés.

Si le marché a reçu un commencement d'exécution, le cocontractant peut requérir qu'il soit procédé à la réception provisoire des ouvrages, puis à leur réception définitive. La demande du titulaire du marché n'est recevable que si elle est présentée dans le délai prescrit à partir de la date de notification de l'ordre de service notifiant l'ajournement ou la date de la résiliation.

11.2.6.1 Conditions pour demander une résiliation.

Un marché public peut faire l'objet d'une résiliation à la demande du titulaire :

- en cas de carence de l'Autorité contractante rendant l'exécution du marché impossible, constituant une faute grave au sens du Code des obligations de l'Administration ;
- lorsque l'Autorité contractante prescrit l'ajournement du marché pour plus de trois mois, soit avant, soit après un commencement d'exécution ;
- en cas d'ajournements successifs dont la durée globale dépasse trois mois, même au cas où l'exécution du marché a été reprise entre-temps. ;
- en cas de survenance d'un événement imprévisible et irrésistible rendant impossible l'exécution du marché.

Le CCAG-Travaux également, prévoit certains cas, limitativement énumérés, dans lesquels l'Entreprise titulaire du marché public peut demander la résiliation du marché. Il faut souligner qu'à la différence du Maître d'ouvrage, l'entreprise titulaire a seulement l'initiative de la demande de résiliation, elle ne peut la prononcer de manière unilatérale.

11.2.7 Procédure pour la résiliation d'un contrat.

11.2.7.1 Mise en demeure préalable du titulaire.

Les CCAG prévoient qu'une mise en demeure préalable doit être adressée au titulaire du marché **(voir modèle en annexe N° 15)**. Bien que le cahier des clauses particulières du marché puisse déroger à cette stipulation, il est déconseillé de s'abstenir d'une telle formalité notamment dans le cas de la résiliation pour faute du titulaire. La résiliation prononcée aux frais et risques du titulaire impose une mise en demeure préalable.

Cette mise en demeure est notifiée au titulaire par tout moyen permettant de donner date certaine à sa réception (remise en mains propres, recommandé avec accusé de réception). Il doit comporter les mentions suivantes :

- les motifs de la mise en demeure ;
- l'indication d'un délai raisonnable, permettant au titulaire de remédier à la situation ;
- la sanction encourue en cas de manquement avéré, à savoir la résiliation du marché, simple ou aux frais et risques.

a. <u>Les cinq formalités à respecter pour résilier un de marché.</u>

1) <u>Constater le niveau de réalisation des travaux.</u>

L'Autorité contractante convoque l'Entreprise titulaire du marché public (ou toute personne compétente la représentant) pour établir :

- le niveau d'exécution des ouvrages ou parties d'ouvrages exécutés ;
- l'inventaire des matériaux approvisionnés ;
- l'inventaire descriptif du matériel et des installations de chantier ;
- le cas échéant, la carence de l'Entreprise titulaire du marché public.

2) <u>Rédiger un procès-verbal de constat du niveau d'exécution des travaux.</u>

Le déroulement des opérations relatives à l'exécution des ouvrages ou parties d'ouvrages exécutés ; l'inventaire des matériaux approvisionnés et le descriptif du matériel et des installations de chantier est retranscrit dans un procès-verbal dressé de manière contradictoire par le Maître d'œuvre et l'Entreprise titulaire du marché public. L'acceptation du procès-verbal vaut réception de l'ouvrage ou des parties d'ouvrages exécutés.

3) <u>Prendre les mesures conservatoires utiles.</u>

A la suite du procès-verbal constatant les ouvrages exécutés, l'Autorité contractante (ou Maître d'ouvrage) détermine les mesures nécessaires à la conservation et à la sécurité des ouvrages ou parties d'ouvrages avant la fermeture du chantier. Elle fixe également le délai ou la date à laquelle l'Entreprise titulaire du marché public doit évacuer les lieux.

Ces mesures devront être exécutées par l'Entreprise titulaire du marché public dans un délai qu'elle fixe, ou, à défaut, le Maître d'œuvre pourra les faire exécuter d'office. Ces mesures sont à la charge de l'Autorité contractante, sauf en cas de résiliation pour sanctionner l'entreprise ou en cas de décès ou d'incapacité, de redressement ou de liquidation judiciaire.

4) Vérifier les conditions de reprise du matériel.

L'Autorité contractante dispose du droit de racheter tout ou partie des ouvrages provisoires utiles à l'exécution du marché. Le prix de rachat équivaut à la partie non amortie de leur valeur :

- des matériaux approvisionnés dont il a besoin pour le chantier. Le prix de rachat est celui qui est précisé dans le marché. A défaut, des prix nouveaux sont établis.
- le matériel spécialement construit pour l'exécution du marché (si les travaux sont poursuivis).

Le prix de rachat équivaut à la partie non amortie de la valeur du matériel. Il peut également conserver ce matériel à sa disposition, dans ce cas, le prix de location est déterminé dans les mêmes conditions.

5) Arrêt du montant de l'indemnité de résiliation.

Lorsque l'Entreprise titulaire du marché public a le droit de percevoir une indemnité de résiliation, il doit présenter une demande écrite et justifiée après la notification du décompte général.

Le délai de paiement de l'indemnité est celui qui est fixé contractuellement ou à défaut, le délai réglementaire pour les paiements. Son point de départ est la date à laquelle le montant de l'indemnisation est arrêté. En principe, son montant est fixé d'un commun accord entre les contractants. A défaut d'un accord suivant la date de résiliation le préjudice est évalué à la date à laquelle il peut être exactement connu.

11.2.7.2 La Décision de résiliation.

Si le titulaire ne donne pas suite à la mise en demeure, l'Autorité contractante (ou Maître d'ouvrage) peut résilier unilatéralement le marché.

Cette décision doit être motivée. Elle doit mentionner expressément le type de résiliation et sa date d'effet. Elle doit être accompagnée d'un décompte de liquidation, qui récapitule les débits et crédits du titulaire du marché après inventaire contradictoire des prestations réalisées **(voir modèle en annexe N° 16)**.

Ce décompte financier ne pourra être totalement établi au moment de la décision de la résiliation prononcée aux frais et risques. En effet, dans cette hypothèse, le règlement financier du marché initial ne pourra être fait qu'après exécution complète du marché de substitution.

La décision de résiliation doit être signée par l'Autorité qui a compétence à signer les marchés à la date à laquelle la résiliation a lieu. Elle est notifiée au titulaire, par tout moyen pouvant donner une date certaine, à sa réception.

a. Les principaux effets de la résiliation.

La quasi-totalité des obligations contractuelles entre les parties prend fin au jour et à l'heure ou l'acte de la résiliation a été notifié à qui de droit.

b. La réception des travaux réalisés.

L'établissement du procès-verbal des constatations relatives aux ouvrages et parties d'ouvrages exécutés comporte la réception desdits ouvrages. La date de la réception est la date d'effet de la résiliation.

c. Paiement du solde des travaux réalisés.

Suite à la résiliation, le décompte définitif du marché doit être établi, afin de régler le solde du marché. Deux dispositions particulières s'appliquent. En cas de résiliation, l'Autorité contractante peut, sans attendre la liquidation définitive et sur demande, payer à l'entreprise jusqu'à 80% du solde créditeur révélé par une liquidation provisoire.

A l'inverse, si le solde est créditeur en faveur de la personne publique, celle-ci peut exiger du titulaire le reversement immédiat de 80% de ce solde, un délai pouvant toutefois être accordé. Pour pouvoir bénéficier de ce délai, et en l'absence de "retenue de garantie", le titulaire doit fournir une garantie à première demande.

11.3 LE CONTENTIEUX DE LA RÉSILIATION.

11.3.1 Règlement à l'amiable des litiges.

Le règlement amiable des différends permet d'éviter un procès dans l'hypothèse d'un différend. En cas de différends relatifs à l'exécution des marchés publics, l'Autorité contractante ou le titulaire du marché peut recourir à un comité qui a pour mission de rechercher des éléments de droit ou de fait en vue de proposer une solution amiable et équitable aux différends qui lui sont soumis.

11.3.2 Comité de Règlement des Différends de l'Autorité de Régulation des marchés publics.

Dans la phase d'exécution, dans l'impossibilité de régler à l'amiable les différends, les parties peuvent saisir l'Autorité de Régulation des marchés publics (ARMP), notamment dans les cas suivants :

- le refus d'approbation du contrat ;
- la liquidation des pénalités et d'intérêts moratoires ;
- le règlement de la commande ;
- la décision de résiliation prononcée par l'Autorité contractante ;
- le refus de révision ou d'actualisation des prix.

Le Comité de règlement des différends établi auprès de l'Autorité de Régulation des marchés publics siège, en fonction des faits dont il est saisi, soit sous la forme d'une Commission litiges, soit en formation disciplinaire.

Les modalités de fonctionnement du Comité ainsi que la procédure devant cette instance sont fixées par voie réglementaire. Les membres du Comité de Règlement des Différends ne doivent en aucun cas exercer des activités ou des fonctions, détenir des intérêts ou recevoir des avantages sous quelques formes que ce soient, incompatibles avec leur statut.

Lorsque le Comité de Règlement des Différends examine des réclamations ou des recours concernant des entreprises dans lesquelles les membres du secteur privé ou de la société civile ont des intérêts, ces derniers sont remplacés sur décision du Président du Conseil de Régulation.

La saisine du Comité s'effectue par envoi d'un mémoire exposant les motifs de la réclamation et en indiquant le numéro et l'objet du dossier, accompagné des pièces contractuelles du marché ou de toutes correspondances relatives au litige, adressé au Comité par lettre recommandée avec demande d'avis de réception ou déposée contre récépissé.

Le recours au Comité de Règlement des Différends n'a pas d'effet suspensif sur l'exécution du marché. L'Autorité de Régulation des marchés publics statue dans le délai fixé par la réglementation, faute de quoi les parties peuvent se pourvoir en justice, nonobstant l'inexistence d'un procès-verbal de non-conciliation.

En cas d'accord des parties, la solution proposée doit être appliquée immédiatement. En cas de désaccord, les parties peuvent saisir la juridiction administrative compétente.

11.3.3 Le recours contentieux.

Les règles de la responsabilité qui découlent des stipulations contractuelles des marchés publics impliquent, l'obligation au cocontractant de réparer un préjudice subi par l'autre partie du contrat. Le titulaire d'une action relative aux marchés publics, devant une juridiction administrative, tient son droit des clauses contractuelles et de la loi.

L'épuisement des recours gracieux, ouvre la voie à ce que les litiges relatifs à la passation des marchés publics soient soumis aux tribunaux compétents. Les litiges relatifs aux marchés sont soumis aux juridictions compétentes pour connaître du contentieux des contrats administratifs.

Le cocontractant de l'Administration peut saisir le Tribunal compétent statuant en matières administratives, après avoir été informé de la résiliation, s'il en conteste la validité. Une décision sera prise au regard de la gravité de l'illégalité de la résiliation et des motifs qui ont conduit l'Administration à prendre cette décision.

Il sera aussi, tenu compte, des éventuels manquements du requérant à ses obligations contractuelles et du dommage que pourrait causer cette annulation. Le juge du contrat siégeant en matière administrative peut, selon la gravité des vices constatés, annuler une résiliation et ordonner la reprise des relations contractuelles.

11.3.4 Les délais des garanties post-contractuelles.

La résiliation d'un marché marque le point de départ des garanties post- contractuelles : garantie de bonne exécution, garantie décennale, l'Entreprise titulaire du marché public souscrira une assurance couvrant intégralement sa responsabilité décennale, susceptible d'être mise en jeu à l'occasion de la réalisation du marché.

Cela n'est pas sans poser problème, puisque les délais de garantie commencent à courir alors même que l'immeuble n'est pas achevé. En cas de continuation des travaux par une autre entreprise, le délai des garanties dues par la première Entreprise titulaire du marché public expirerait avant celui des garanties dues par la seconde, pour le même ouvrage.

**** ***

SIGLES & ABREVIATIONS

AGETIP	Agence d'Exécution Travaux d'intérêt public
AMO	Assistant à la Maîtrise d'ouvrage
ARMP	Autorité de Régulation des marchés publics
ASCOM	Assistant communautaire
BAD	Banque africaine de Développement
CEDEAO	Communauté économique des États d'Afrique de l'Ouest
CESAG	Centre africain d'Études supérieures en Gestion
CISHS	Collège Interentreprises de Sécurité-Hygiène et Santé
CMP	Code des marchés Publics
CPTP	Commission Passation des marchés publics
CPM	Cellule des marchés
CP-SHS	Coordonnateur Projet - Sécurité d'Hygiène et de Santé
DCMP	Direction en charge du Contrôle des marchés publics
DSCOS	Direction de la Surveillance et du Contrôle de l'Occupation du Sol
EST	Espace Scientifique et Technique
FIDIC	Fédération internationale des Ingénieurs-Conseils
GME	Groupement temporaire d'Entreprises
MOD	Maître d'ouvrage délégué
MOE	Maître d'œuvre
NINEA	Numéro d'Identification national des Entreprises et Administrations
OPC	Ordonnancement pilotage coordination
OS	Ordre de service
PDF	Projet de décompte final
PGSHS	Plan général Sécurité-Hygiène et Santé
P.I	Prestations intellectuelles
PNDL	Programme national de Développement local
PNIR	Programme national d'Infrastructures rurales
PPSHS	Plan particulier Sécurité d'Hygiène et de Santé
PRAO	Projet régional des pêches en Afrique de l'Ouest
TTC	Toutes Taxes Comprises
TVA	Taxes sur la valeur ajoutée
UCAD	Université Cheikh Anta DIOP
VRD	Voirie et Réseaux divers

****** *****

ANNEXES

**** ***

ANNEXE N° 0

(En-tête)
Autorité contractante

N° / /
A , le

marché passé par Demande de Renseignements et de Prix
BON DE COMMANDE N°...
**** ***

Date d'émission du Bon de commande : / /
Financement :

Votre facture PROFORMA N° du / /

1. **Le titulaire**

[Indiquer le nom commercial et la dénomination sociale du titulaire individuel ou de chaque membre du groupement titulaire, les adresses de son établissement et de son siège social (si elle est différente de celle de l'établissement), son adresse électronique, ses numéros de téléphone et de télécopie et son Numéro d'Identification national des Entreprises et Administrations (NINEA.)

Le titulaire du marché identifié ci-dessus est prié de bien vouloir exécuter les prestations désignées ci-dessous, conformément aux dispositions des documents constitutifs du marché public. Il renvoie, dûment remplie et signée, une copie du présent ordre de service, qui tiendra lieu d'accusé de réception.

2. **Objet du marché public** : *(reprendre la mention figurant dans les documents constitutifs du marché).*
   - Date de la notification du marché public : .../.../.......................
   - Durée d'exécution du marché public : ....mois ou ...... jours.
   - Adresse de livraison ou d'exécution des prestations
3. **Demande de paiement** : Factures (un original et trois copies) +l'original du bon de commande
4. **Mode de paiement** : Par chèque

DETAIL DES PRESTATIONS
Fournitures de bureau //ou fournitures de pneus pour véhicules.

N°	Description	Quantité	Prix unitaire (francs CFA)	Prix total (francs CFA)
1				
2				
3				
4				
5				
TOTAL HTVA				
TVA				
TOTAL TTC				

Arrêté le présent Bon de commande à la somme de : (*En lettres*) et (*En chiffres*)

A .... le..................

Signature
(l'Autorité contractante)

ANNEXE N° 1

(En-tête) **N° /**

Autorité contractante

A , le

ORDRE DE SERVICE N° ...

**** ***

Dans le cadre du marché N° F/ /20__, du / /20__ dont la durée d'exécution est de : mois ou jours.

1. **Objet du marché public.**

(Reprendre le contenu de la mention figurant dans les documents constitutifs du marché public. En cas d'allotissement, préciser également l'objet de la consultation.

2. **Autorité contractante**

(Reprendre le contenu de la mention figurant dans les documents constitutifs du marché public.)

3. **Titulaire du marché public.**

[Indiquer le nom commercial et la dénomination sociale du titulaire individuel ou de chaque membre du groupement titulaire, les adresses de son établissement et de son siège social (si elle est différente de celle de l'établissement), son adresse électronique, ses numéros de téléphone et de télécopie et son Numéro d'Identification national des Entreprises et Administrations (NINEA). En cas de groupement d'entreprises titulaire, identifier le mandataire du groupement.]

4. **Prestations ordonnées :**

Le titulaire du marché identifié ci-dessus est prié de bien vouloir exécuter les prestations désignées ci-dessous, conformément aux dispositions des documents constitutifs du marché public.

- **Adresse de livraison ou d'exécution des prestations ordonnées :**
- **Délai de livraison ou d'exécution des prestations ordonnées :** ....
- **Autres précisions : A renseigner le cas échéant**..

N°	Désignation Prestations ordonnées	Quantité	TVA	Prix unitaire		Total *	
				HT	TTC	HT	TTC
Montant total de l'ordre de service							

* Total = Prix unitaire X Quantité.

Signature **Signature**

Autorité contractante **Titulaire marché**

.... Le, /. / 20__. **....... Le, /. / 20__.**

ANNEXE N 2

(En-tête) **N° / /**

Autorité contractante **A , le**

MARCHÉS DE TRAVAUX

ORDRE DE SERVICE N°.

****** *****

Ce formulaire est un modèle d'ordre de service, qui peut être utilisé par le Maître d'œuvre, pour ordonner les travaux à exécuter.

1. Autorité contractante

(Mention figurant dans les documents constitutifs du marché public.)

2. Titulaire du marché public.

[Indiquer le nom commercial et la dénomination sociale du titulaire individuel ou de chaque membre du groupement titulaire, les adresses de son établissement et de son siège social (si elle est différente de celle de l'établissement), son adresse électronique, ses numéros de téléphone et de télécopie et Numéro d'Identification Nationale des Entreprises et Administrations (NINEA). En cas de groupement d'entreprises titulaire, identifier le mandataire du groupement.]

3. Maître d'œuvre.

[Indiquer le nom commercial et la dénomination sociale du Maître d'œuvre, les adresses de son établissement et de son siège social, son adresse électronique, téléphone et de télécopie et son Numéro d'Identification Nationale des Entreprises et Administrations (NINEA).]

4. Objet du marché public.

(Reprendre le contenu de la mention figurant dans les documents constitutifs du marché public. En cas d'allotissement, préciser l'objet de la consultation.)

- Référence du marché public : ......Date de la notification : .../.../...
- Durée d'exécution du marché public : ...mois ou ... jours.

5. Prestations ordonnées.

Le titulaire du marché identifié ci-dessus est prié de bien vouloir exécuter les prestations désignées ci-dessous, conformément aux dispositions des documents constitutifs du marché public.

- Adresse d'exécution des prestations ordonnées : ....
- Délai d'exécution des prestations ordonnées : ......Autres précisions : *(A renseigner le cas échéant.)* ...

N°	Désignation des prestations ordonnées	Quantité	TVA	Prix unitaire		Total *	
				HT	TTC	HT	TTC
Montant total de l'ordre de service							

* Total = Prix unitaire X Quantité.

L'Entreprise titulaire du marché public devra sous peine de forclusion, faire connaître ses observations par écrit dans les quinze jours qui suivent la réception du présent ordre de service.

Signature **Signature**

Autorité contractante **Maître d'Œuvre**

.... Le, /. / 20___. **....... Le, /. / 20___.**

ANNEXE N° 3

(En-tête) **N° / /**
Autorité contractante **A , le**

ACTE SPÉCIAL
PRÉSENTATION D'UN SOUS-TRAITANT

Ce formulaire est un modèle d'acte spécial ou acte d'engagement relative à la présentation d'un *sous-traitant, qui peut être utilisé par l'Autorité contractante après la demande du titulaire du marché principal pour s'attacher les services d'un sous-traitant.*

**** ***

1. **L'Autorité contractante.**

(Reprendre le contenu de la mention des documents constitutifs du marché public

2. **Le titulaire du marché public.** *(Choisir le cas correspondant.)*

2.1. Le titulaire est seul (1) :

[Indiquer le nom commercial et la dénomination sociale du titulaire individuel, les adresses de son établissement et de son siège social (si elle est différente de celle de l'établissement), son adresse électronique, ses numéros de téléphone et de télécopie et son Numéro d'Identification nationale des Entreprises et Administrations (NINEA)]

2.2. Le titulaire est un groupement d'entreprises (2) : conjoint solidaire

En cas de groupement conjoint, le mandataire est solidaire : NON OUI

(Préciser, dans le tableau ci-dessous, l'identité de chaque membre du groupement d'entreprises titulaire. En cas de groupement conjoint, sont également indiquées les prestations que chacun des membres du groupement s'est engagé à réaliser. Identifier le mandataire désigné pour représenter le groupement et coordonner les prestations.)

(1) Ou (2) Nom commercial et dénomination sociale, adresse de l'établissement (*), adresse électronique, numéros de téléphone et de télécopie, Numéro d'Identification nationale des Entreprises et Administration (NINEA) des membres du groupement	Prestations exécutées par les membres du groupement (**)

(*) Préciser l'adresse du siège social du membre du groupement si elle est différente de celle de l'établissement.

(**) Pour les groupements conjoints.

3. **Objet du marché public.**

(Reprendre le contenu de la mention figurant dans les documents constitutifs du marché public. En cas d'allotissement, préciser également l'objet de la consultation.)

4. **Economie générale du marché public.**

- Référence du marché public : ....
- Procédure de passation choisie : ....
- Date d'attribution du marché public : ....
- Date de notification du marché public : ....
- Durée d'exécution du marché public : ....mois ou .... jours.

(Reprendre le contenu de la mention figurant dans les documents constitutifs du marché principal.)

- Nombre et objet des tranches conditionnelles prévues :
- Montant initial du marché public :

  - Taux de la TVA : ....
  - Montant HT : ....
  - Montant TTC : ....

5. **Prestations sous-traitées.**

N°	Nature des prestations sous-traitées	Quantité	Prix unitaire	Prix total
1				
Total hors TVA				
TVA				
Total TTC				

Montant : *(total TTC en lettres et en chiffres)*

6. **Sous-traitant Nom, prénom ou dénomination**

Indiquer le nom commercial et la dénomination sociale du sous-traitant, les adresses de son établissement et de son siège social (si elle est différente de celle de l'établissement), son adresse électronique, ses numéros de téléphone et de télécopie et son Numéro d'Identification nationale des Entreprises et Administrations (NINEA)]

Le sous-traitant a droit au paiement direct

Le présent acte spécial **:**

- a pour objet d'accepter le sous-traitant et d'agréer ses conditions de paiement ;
- est un acte spécial modificatif ; il annule et remplace celui du : /. /

7. **Conditions de paiement et modalités de règlement**

- Compte à créditer (intitulé, numéro, etc...)
- Avance forfaitaire

(a) Le marché ne prévoyant pas d'avance forfaitaire, il n'en sera versé ni au titulaire ni au sous-traitant ;

(b) Le sous-traitant demande à bénéficier de l'avance forfaitaire ; il lui sera versé à ce titre une somme de ....francs CFA, (maximum : 5% du montant prévisionnel des prestations sous-traitées pendant les 12 premiers mois de leur exécution) ; le montant de l'avance forfaitaire à payer au titulaire sera réduit à due proportion.

(c) Le sous-traitant ne demande pas à bénéficier de l'avance forfaitaire.

7.1. Moment de versement.

La date de commencement d'exécution du contrat de sous-traitance est la suivante : ....; cette date sert de point de départ aux délais prévus aux prestations confiées au sous-traitant soit xx jours après le début de l'exécution effective du marché principal par le titulaire à qui il est payé la proportion qui lui est due.

Cependant, si le sous-traitant est présenté après la conclusion du marché, le paiement de l'avance forfaitaire au sous-traitant est subordonné, s'il y a lieu, au remboursement de la partie de l'avance forfaitaire versée au titulaire au titre des prestations sous-traitées.

7.2. Moment de remboursement.

L'avance forfaitaire versée au sous-traitant sera remboursée dans les conditions fixées par les articles 97 alinéa 4 du CMP.

- Autres paiements *(indiquer les modalités de calcul et de paiement des acomptes)*

8. **Retenue de garantie**

Le sous-traité prévoit une retenue de garantie / ne prévoit pas de retenue de garantie.

9. **Pénalités :**

(a) le sous-traité prévoit : des pénalités de retard dont le montant est identique au montant des pénalités de retard ou d'indisponibilité susceptible d'être dues par le titulaire, au titre du marché, pour les mêmes prestations.

(b) le sous-traité prévoit : des pénalités de retard qui seront calculées selon la formule suivante : *(1/1000 par jour de retard.)*

10. Modalités de variation des prix

Formule de variation des prix : *(mettre la formule de révision des prix (la même que pour le marché principal au cas où les prestations sous-traitées dépasseraient une année.)*

Date ou mois d'établissement des prix :

11. Mode de règlement *(mettre l'option correspondante)*

virement lettre de change relevé chèque bancaire

12. Exemplaire unique du titulaire

Le titulaire a rendu à l'Autorité contractante pour signer le marché, l'exemplaire unique qui lui a été délivré en vue d'une cession ou d'un nantissement de créances. L'Autorité contractante pour signer le marché a modifié la formule d'exemplaire unique du titulaire afin de tenir compte de la présente déclaration de sous-traitance.

L'exemplaire unique a été remis à l'établissement de crédit et n'a pu être restitué. Toutefois, le titulaire a produit une attestation de l'établissement de crédit justifiant que la cession ou le nantissement de la créance est d'un montant tel qu'il ne fait pas obstacle au paiement direct de la part sous-traitée, ou qu'il a été réduit de manière à réaliser cette condition.

Si aucune de ces deux conditions n'est remplie, la sous-traitance est impossible.

Le candidat ou le titulaire présente le sous-traitant désigné ci-dessus.
Les conditions de paiement et les modalités de règlement du sous-traitant sont précisées par le candidat ou le titulaire à la rubrique 7 du présent acte.

A , le A , le

Le candidat ou le titulaire L'Autorité contractante
(................)

. A le,

Avis de la Direction en charge du Contrôle des marchés publics (DCMP)

13. Notification de l'acte spécial au titulaire

La notification consiste en la remise d'une photocopie certifiée conforme de l'acte spécial au titulaire. Cette remise peut être opérée par lettre recommandée avec accusé de réception. Dans ce cas, coller dans ce cadre l'avis de réception postal, daté et signé par le titulaire. En cas de remise contre récépissé, le titulaire signera la formule ci-dessous.

Reçu à titre de notification une copie certifiée conforme du présent acte spécial.

A , le

Le titulaire du marché

ANNEXE N° 4

(En-tête) **N° / /**
Autorité contractante

A , le

RAPPORT DE PRÉSENTATION D'UN AVENANT

**** ***

Ce formulaire est un modèle de rapport de présentation, qui peut être utilisé par l'Autorité contractante après la conclusion d'un avenant à un marché public

1. **L'Autorité contractante**

(Reprendre le contenu de la mention figurant dans les documents constitutifs du marché public)

2. **Le titulaire du marché public.**

Le titulaire s'est présenté seul (1) :

[Indiquer le nom commercial et la dénomination sociale du titulaire individuel, les adresses de son établissement et de son siège social (si elle est différente de celle de l'établissement), son adresse électronique, ses numéros de téléphone et de télécopie et son Numéro d'Identification nationale des Entreprises et Administrations (NINEA)]

Le titulaire est un groupement d'entreprises (2) : conjoint OU solidaire

En cas de groupement conjoint, le mandataire est solidaire :

(Préciser, dans le tableau ci-dessous, l'identité de chaque membre du groupement d'entreprises titulaire. En cas de groupement conjoint, sont également indiquées les prestations que chacun des membres du groupement s'est engagé à réaliser. Identifier le mandataire désigné pour représenter le groupement et coordonner les prestations.)

(1) Ou (2) **Nom commercial et dénomination sociale, adresse de l'établissement (*), adresse électronique, numéros de téléphone et de télécopie, Numéro d'Identification nationale des Entreprises et Administrations (NINEA) des membres du groupement**	**Prestations exécutées par les membres du groupement (**)**

(*) Préciser l'adresse du siège social du membre du groupement si elle est différente de celle de l'établissement.

(**) Pour les groupements conjoints.

3. **<u>Objet de l'avenant</u>.**

▪ **Modifications introduites par l'avenant :**

(détailler toutes les modifications, avec ou sans incidence financière, introduites dans le marché public par le présent avenant.

Préciser les clauses du CCAP ou du CCTP modifiées ou complétées ainsi que l'incidence financière de chacune des modifications apportées.)

<u>Montant de l'avenant</u>

L'avenant a une incidence financière sur le montant du marché public :

- **Taux de la TVA : ....**
- **Montant HT : ....**
- **Montant TTC : ....**
- **% d'écart** introduit par l'avenant : ....

4. **<u>Montant du marché</u>**

Nouveau montant du marché public:

- **Taux de la TVA : ....**
- **Montant HT : ....**
- **Montant** TTC : ....

Par la présente, l'Autorité contractante (*identifiée au point 1 sollicite l'approbation de l'avenant N° au contrat .... Pour les motifs annoncés au point 4 objet du marché*)

Telle est l'économie du présent projet d'avenant N° au marché N° du 20.. que je soumets à votre approbation.

A , le

Signature de l'Autorité contractante

ANNEXE N° 5

(En-tête) **N° / /**
Autorité contractante **A , le**

TEXTE D'UN PROJET AVENANT

**** ***

Ce formulaire est un modèle, qui peut être utilisé par l'Autorité contractante pour la conclusion d'un avenant à un marché public.

1. <u>L'Autorité contractante</u>

(Reprendre le contenu de la mention figurant dans les documents constitutifs du marché public.)

2. <u>Le titulaire du marché public</u>

Le titulaire est seul (1) : *[indiquer le nom commercial et la dénomination sociale du titulaire individuel, les adresses de son établissement et de son siège social (si elle est différente de celle de l'établissement), son adresse électronique, ses numéros de téléphone et de télécopie et son Numéro d'Identification nationale des Entreprises et Administration (NINEA)]*

Le titulaire est un groupement d'entreprises (2) : conjoint OU solidaire

En cas de groupement conjoint, le mandataire est solidaire : NON /OUI

(préciser, dans le tableau ci-dessous, l'identité de chaque membre du groupement d'entreprises titulaire.

En cas de groupement conjoint, sont également indiquées les prestations que chacun des membres du groupement s'est engagé à réaliser. Identifier le mandataire désigné pour représenter le groupement et coordonner les prestations.)

3. <u>Identification du marché public initial</u>

- Objet du marché public: ………………………………………………
- Montant du marché : …………………………………………………
- Numéro du marché: …………………………………………………
- Durée d'exécution du marché public : ....mois ou …………… jours.
  (Reprendre le contenu de la mention figurant dans les documents constitutifs du marché public.)
- Nombre et objet des tranches conditionnelles prévues :
- Montant initial du marché public :
  - Taux de la TVA : …………………………………………
  - Montant HT : …………………………………………....
  - Montant TTC : …………………………………………

IL A ÉTÉ ARRÊTÉ ET CONVENU CE QUI SUIT :

Article premier : <u>Objet de l'avenant</u>.

Le présent avenant a pour objet de ………………………………………………

Modifications introduites par l'avenant : (détailler toutes les modifications, avec ou sans incidence financière, introduites dans le marché public par le présent avenant. Préciser les clauses du CCAP ou du CCTP modifiées ou complétées ainsi que l'incidence financière de chacune des modifications apportées.)

Article 2 : <u>Montant de l'avenant</u>

Article 3 : <u>Montant du marché</u> *(si incidence financière)* ……………………………

Article final - Dispositions diverses

Toutes les autres clauses du contrat initial non modifiées par le présent avenant restent inchangées et demeurent de stricte application.

EN FOI DE QUOI les parties au marché ont signé le présent avenant conformément aux lois de la République du Sénégal, les jour et année mentionnés ci-dessous.

A , le **Signature** **titulaire du marché.**	**A , le** **Signature** **l'Autorité contractante.**
A , le **Approuvé par**	**A , le** **Avis** **Direction Contrôle des marchés publics**

ANNEXE N° 6

(En-tête) **N° / /**

Autorité contractante **A , le**

BON DE COMMANDE N° .....

**** ***

Ce formulaire est un modèle de bon de commande, qui peut être utilisé, pour commander les prestations à exécuter, dans le cadre d'un marché à commandes.

4. **L'Autorité contractante**

(Reprendre le contenu de la mention des documents constitutifs du marché public.)

1. **Le titulaire du marché public.**

[Indiquer le nom commercial et la dénomination sociale du titulaire individuel ou de chaque membre du groupement titulaire, les adresses de son établissement et de son siège social (si elle est différente de celle de l'établissement), son adresse électronique, ses numéros de téléphone et de télécopie et son Numéro d'Identification nationale des Entreprises et Administrations (NINEA). En cas de groupement d'entreprises titulaire, identifier le mandataire du groupement.]

2. **L'Objet du marché public.**

(Reprendre le contenu de la mention figurant dans les documents constitutifs du marché public. En cas d'allotissement, préciser également l'objet de la consultation.

- Référence du marché : ....
- Date de la notification du marché public : /. /..
- Durée d'exécution du marché public : ....mois ou ...... jours.

3. **Les Prestations commandées.**

Le titulaire du marché identifié ci-dessus est prié de bien vouloir exécuter les prestations désignées ci-dessous, conformément aux dispositions des documents constitutifs du marché public. Il renvoie, dûment remplie et signée, une copie du présent bon de commande, qui tiendra lieu d'accusé de réception.

- Adresse de livraison ou d'exécution des prestations commandées :
- Délai de livraison ou d'exécution des prestations commandées : /. /..
- Autres précisions : *(A renseigner le cas échéant.)*

N°	Désignation des prestations commandées	Quantité	TVA	Prix unitaire		Total *	
				HT	TTC	HT	TTC
1							
2							
3							
4							
5							
Montant total du bon de commande							

Arrêté le présent Bon de Commande à la somme de : ....*(En lettres et en chiffres)*

A , le. /../..

Accusé réception bon de commande

Reçu le. /../..

Signature
représentant de l'Autorité contractante

Observations éventuelles :
A renseigner le cas échéant.)

ANNEXE N° 7

(En-tête) **N° / /**

Autorité contractante **A , le**

RÉCEPTION DE FOURNITURES COURANTES

**** ***

Ce modèle peut être utilisé par l'Autorité contractante, pour formaliser sa décision concernant l'admission des fournitures courantes, après avoir effectué les opérations de vérification quantitative et qualitative. Si les mêmes prestations font l'objet de plusieurs admissions, l'acheteur public renseigne autant de formulaires qu'il y a d'admissions.

1. L'Autorité contractante

(Reprendre le contenu de la mention figurant dans les documents constitutifs du marché public.)

2. Le titulaire du marché public.

[Indiquer le nom commercial et la dénomination sociale du titulaire individuel ou de chaque membre du groupement titulaire, les adresses de son établissement et de son siège social (si elle est différente de celle de l'établissement), son adresse électronique, ses numéros de téléphone et de télécopie et son Numéro d'Identification nationale des Entreprises et Administrations (NINEA). En cas de groupement d'entreprises titulaire, identifier le mandataire du groupement.]

3. Objet du marché public.

(Reprendre le contenu de la mention figurant dans les documents constitutifs du marché public. En cas d'allotissement, préciser également l'objet de la consultation.

- Référence du marché public : ....

4. Prestations attendues.

Bon de commande n °.....................du ....

(A renseigner uniquement pour les marchés à commande.)

- Nature des prestations:
- Date de livraison:/./..

5. Décision l'Autorité contractante.

5.1 Opérations de vérification.

Les opérations de vérification ont eu lieu le ....

(choisir la réponse correspondante.)

☐ en présence du titulaire du marché public, ou de son représentant.

☐ en l'absence du titulaire du marché public, ou de son représentant, dûment avisé.

5.2 Décision à l'issue des opérations de vérification quantitative.

A l'issue des opérations de vérification quantitative, l'Autorité contractante décide de : (*choisir la réponse correspondante.)*

☐ accepter en l'état les prestations suivantes : ....

☐ mettre en demeure le titulaire du marché public : ....

☐ de reprendre l'excédent fourni relatif à la prestation suivante : ....

☐ de compléter la livraison ou d'achever la prestation suivante : ....

5.3 Décision à l'issue des opérations de vérification qualitative.

A l'issue des opérations de vérification qualitative, l'Autorité contractante décide de : (*choisir la réponse correspondante et renseigner les sous-rubriques avec précision.)*

□ prononcer l'admission des prestations suivantes :

□ ajourner **l'admission des prestations suivantes :**

- Motifs de la décision d'ajournement : ....
- Mises au point que doit effectuer le titulaire du marché public : ......
- Délai imparti au titulaire pour présenter les prestations mises au point :
- Délai imparti au titulaire pour faire connaître son acception de la décision d'ajournement : ......
- Délai prévu pour procéder aux vérifications des prestations, à compter de leur nouvelle présentation par le titulaire : ....
- Délai imparti au titulaire pour enlever les biens, fournitures ou prestations ayant fait l'objet de la décision d'ajournement : ....

• **rejeter les prestations suivantes :**

- Motifs de la décision de rejet : ....
- Délai imparti au titulaire pour présenter ses observations : ....
- Délai imparti au titulaire pour exécuter à nouveau les prestations : ...
- Délai imparti au titulaire pour enlever les prestations rejetées : ....

6. Signature l'Autorité contractante.

A , le. /../..

Signature

(Représentant de l'Autorité contractante)

ANNEXE N° 8

(En-tête) **N° / /**
Autorité contractante **le**

PROCES-VERBAL
OPERATIONS PREALABLES A LA RECEPTION DES TRAVAUX
**** ***

Ce formulaire est un modèle, qui peut être utilisé par le Maître d'œuvre, pour formaliser le procès-verbal des opérations préalables à la décision de réception.

1. **L'Autorité contractante**

(Reprendre le contenu de la mention figurant dans les documents constitutifs du marché public.)

2. **Le titulaire du marché public.**

[Indiquer le nom commercial et la dénomination sociale du titulaire individuel ou de chaque membre du groupement titulaire, les adresses de son établissement et de son siège social (si elle est différente de celle de l'établissement), son adresse électronique, ses numéros de téléphone et de télécopie et son Numéro d'Identification nationale des Entreprises et Administrations (NINEA). En cas de groupement d'entreprises titulaire, identifier le mandataire du groupement.]

3. **Le Maître d'œuvre.**

[Indiquer le nom commercial et la dénomination sociale du Maître d'œuvre, les adresses de son établissement et de son siège social (si elle est différente de celle de l'établissement), son adresse électronique, ses numéros de téléphone et de télécopie et son Numéro d'Identification nationale des Entreprises et Administrations (NINEA).]

4. **Objet du marché public.**

(Reprendre le contenu de la mention figurant dans les documents constitutifs du marché public. En cas d'allotissement, préciser l'objet de la consultation.)

5. **Objet des opérations préalables à la réception des ouvrages.**

- Date d'achèvement proposée par le titulaire du marché public. /../..
- Les opérations préalables à la réception des ouvrages portent sur : *(cocher la case correspondante.)*

☐ la réception de l'ouvrage comportant les prestations suivantes :

☐ la réception partielle relative aux prestations désignées ci-dessous :

6. **Procès-verbal des opérations préalables à la réception des ouvrages.**

Je soussigné ...., Maître d'œuvre *(rappeler les nom et prénom du Maître d'œuvre et choisir l'événement.)*

- En présence du représentant de l'Autorité contractante;
- en l'absence du représentant de l'Autorité contractante, dûment avisé par mes soins ;
- en présence du titulaire du marché public ;
- en l'absence du titulaire du marché public dûment convoqué, en date du. /../..

- **les travaux et prestations, prévus au marché public :**

- ont été exécutés ;
- ont été exécutés, à l'exception de ceux indiqués à l'annexe n° ... ci-joint ;

- **les ouvrages :**
  - sont conformes aux spécifications du marché public ;
  - sont conformes aux spécifications du marché public, à l'exception des imperfections ou malfaçons indiquées à l'annexe n° .... ci-jointe ;
- **les conditions de pose des équipements :**
  - sont conformes aux spécifications des fournisseurs ;
  - ne sont pas conformes aux spécifications des fournisseurs.
- **les installations de chantier :**
  - ont été repliées ;
  - n'ont pas été repliées ;
- **les terrains et les lieux :**
  - ont été remis en état ;
  - n'ont pas été remis en état.

Dressé le .... Accepté le ....

Signature
(Maître d'œuvre)

Signature
(titulaire)

(Ajouter autres signataires représentant le Maître d'ouvrage)

J'atteste que le titulaire du marché public a refusé de signer le présent procès-verbal.

Dressé le ....

Signature
(Maître d'œuvre)

ANNEXE N° 9

(En-tête) **N° / /**
Autorité contractante **A , le**

RÉCEPTION DES TRAVAUX
DECISION DE RÉCEPTION PROVISOIRE

**** ***

Ce modèle peut être utilisé par le Maître d'ouvrage, pour formaliser sa décision de réception provisoire, relative aux travaux dans le cadre d'un marché public.

1. **Le Maître d'ouvrage.**

(Reprendre le contenu de la mention des documents constitutifs du marché public.)

2. **Le titulaire du marché public.**

[Indiquer le nom commercial et la dénomination sociale du titulaire individuel ou de chaque membre du groupement titulaire, les adresses de son établissement et de son siège social (si elle est différente de celle de l'établissement), son adresse électronique, ses numéros de téléphone et de télécopie et son Numéro d'Identification nationale des Entreprises et Administration (NINEA). En cas de groupement d'entreprises titulaire, identifier le mandataire du groupement.]

3. **Le Maître d'œuvre.**

[Indiquer le nom commercial et la dénomination sociale du Maître d'œuvre, les adresses de son établissement et de son siège social (si elle est différente de celle de l'établissement), son adresse électronique, ses numéros de téléphone et de télécopie et son Numéro d'Identification nationale des Entreprises et Administration (NINEA)

4. **Objet du marché public.**

(Reprendre le contenu de la mention figurant dans les documents constitutifs du marché public. En cas d'allotissement, préciser également l'objet de la consultation.)

5. **Objet de la décision de réception provisoire.**

La présente décision a pour objet la réception provisoire des prestations désignées ci-dessous :

6. **Décision du Maître d'ouvrage.**

Au vu : *(cocher la ou les cases correspondantes.)*

☐ du procès-verbal des opérations préalables à la réception, en date du. /../.., et des propositions présentées le. /../.. par le Maître d'œuvre ;

☐ de la lettre, en date du. /../.., par laquelle le titulaire du marché public accepte la réfaction proposée ;

Le Maître d'ouvrage décide :*(Cocher la case correspondante.)*

☐ que la date retenue, pour l'achèvement des travaux, est fixée au. /../..

- que la réception provisoire est prononcée ;

  - sans réserve.

  - sous réserve :

☐ de l'exécution concluante des épreuves énumérées à l'annexe n °.... ci-joint.

☐ de l'exécution des travaux et prestations énumérés à l'annexe n°... ci-joint, avant le. /../..

- avec réserve :

- le titulaire doit remédier, avant le. /../.., aux imperfections et malfaçons indiquées à l'annexe n ° .... ci-joint.

- Toutefois, il est proposé que cette dernière réserve soit levée, si le titulaire du marché public accepte une réfaction égale en prix de base à (Indiquer le montant de la réfaction.) : ....

- les installations de chantier doivent été repliées et les terrains et les lieux doivent être remis en état, avant le ....

- les conditions de pose des équipements doivent être mises en conformité avec les spécifications des fournisseurs, avant le ....

7. <u>Signature du Maître d'ouvrage</u>.

A : ...., le. /../..

Signature
(Maître d'ouvrage)

ANNEXE N° 10

(En-tête) **N° / /**

Autorité contractante **A , le**

RÉCEPTION DES TRAVAUX

DECISION DE NON RECEPTION

**** ***

Ce formulaire est un modèle, qui peut être utilisé par le Maître d'ouvrage, pour formaliser sa décision de non-réception, relative aux travaux commandés dans le cadre d'un marché public.

1. **Le Maître d'ouvrage.**

   (Reprendre le contenu de la mention figurant dans les documents constitutifs du marché public.)

2. **Le titulaire du marché public.**

   [Indiquer le nom commercial et la dénomination sociale du titulaire individuel ou de chaque membre du groupement titulaire, les adresses de son établissement et de son siège social (si elle est différente de celle de l'établissement), son adresse électronique, ses numéros de téléphone et de télécopie et son Numéro d'Identification nationale des Entreprises et Administrations (NINEA). En cas de groupement d'entreprises titulaire, identifier le mandataire du groupement.]

3. **Identification du Maître d'œuvre.**

   [Indiquer le nom commercial et la dénomination sociale du Maître d'œuvre, les adresses de son établissement et de son siège social (si elle est différente de celle de l'établissement), son adresse électronique, ses numéros de téléphone et de télécopie et son Numéro d'Identification nationale des Entreprises et Administrations (NINEA).]

4. **Objet du marché public.**

   (Reprendre le contenu de la mention figurant dans les documents constitutifs du marché public. En cas d'allotissement, préciser également l'objet de la consultation.)

5. **Décision du Maître d'ouvrage.**

   Au vu du procès-verbal des opérations préalables à la réception, en date du ………………., et des propositions présentées le ………………… par le Maître d'œuvre, le Maître d'ouvrage décide de ne pas prononcer la réception des travaux et prestations désignés ci-dessous :

   ………………………………………………………………………………………
   ………………………………………………………………………………………
   …………………………

6. **Signature du Maître d'ouvrage et du Maître d'œuvre**

A : le. /../ A : le. /../

Signature (Maître d'ouvrage) Signature (Maître d'œuvre)

ANNEXE N° 11

(En-tête) **N° / /**

Autorité contractante **A , le**

RÉCEPTION DES TRAVAUX

PROCES-VERBAL DE LEVEE DES RESERVES

**** ***

Ce formulaire est un modèle de procès-verbal, qui peut être utilisé par le Maître d'œuvre, pour consigner les opérations de levée des réserves, énumérées par le Maître d'ouvrage dans sa décision de réception des travaux

1. **L'Autorité contractante.**

   (Reprendre le contenu de la mention des documents constitutifs du marché.)

2. **Identification du titulaire du marché public.**

   [Indiquer le nom commercial et la dénomination sociale du titulaire individuel ou de chaque membre du groupement titulaire, les adresses de son établissement et de son siège social (si elle est différente de celle de l'établissement), son adresse électronique, ses numéros de téléphone et de télécopie et son Numéro d'Identification nationale des Entreprises et Administrations (NINEA). En cas de groupement d'entreprises titulaire, identifier le mandataire du groupement.]

3. **Identification du Maître d'œuvre.**

   [Indiquer le nom commercial et la dénomination sociale du Maître d'œuvre, les adresses de son établissement et de son siège social (si elle est différente de celle de l'établissement), son adresse électronique, ses numéros de téléphone et de télécopie et NINEA).

4. **Objet du marché public.**

   (Reprendre le contenu de la mention figurant dans les documents constitutifs du marché public. En cas d'allotissement, préciser également l'objet de la consultation.)

5. **Objet du procès-verbal de levée des réserves.**

   La levée des réserves porte sur : *(choisir l'événement correspondant)*

   - ☐ en présence du représentant de l'Autorité contractante. ;
   - ☐ en l'absence du représentant de l'Autorité contractante dûment avisé;
   - ☐ en présence du titulaire du marché public ;
   - ☐ en l'absence du titulaire du marché public dûment convoqué, par courrier en date du. /../.. .

   Après avoir procédé aux examens et vérifications nécessaires, constate que : *(Cocher les cases correspondantes.)*

   - **les épreuves, prévues au marché public** :
     - n'ont pas été effectuées ;
     - ont été effectuées, à l'exception de celles indiquées à l'annexe n° ... ci-joint ;
       - o et sont concluantes ;
       - o et sont concluantes, à l'exception de celles indiquées à l'annexe n°......... ci-joint;

- **les travaux et prestations, ayant fait l'objet de réserves** :
  - ont été exécutés ;
  - ont été exécutés, à l'exception de ceux indiqués à l'annexe n° ...... ci-joint ;
- **les ouvrages :**
  - sont conformes aux spécifications du marché public, les imperfections et malfaçons constatées ayant été corrigées ;
  - sont conformes aux spécifications du marché public, à l'exception des imperfections ou malfaçons indiquées à l'annexe n° ...... Ci-joint, qui n'ont pas été corrigées ;
- **les conditions de pose des équipements** :
  - sont conformes aux spécifications des fournisseurs ;
  - ne sont pas conformes aux spécifications des fournisseurs.
- **les installations de chantier :**
  - ont été repliées ;
  - n'ont pas été repliées ;
- **les terrains et les lieux :**
  - ont été remis en état ;
  - n'ont pas été remis en état.

Dressé le ....

Signature
(Maître d'œuvre)
(Ajouter autres signataires représentant le Maître d'ouvrage)

J'atteste que le titulaire du marché public a refusé de signer le présent procès-verbal le cas échéant)

Dressé le ....

Signature
(Maître d'œuvre)

ANNEXE N° 12

(En-tête) **N° / /**

Autorité contractante **A , le**

RÉCEPTION DES TRAVAUX
PROPOSITIONS DU MAITRE D'ŒUVRE
ET DECISION DU MAITRE D'OUVRAGE
RELATIVES A LA LEVEE DES RESERVES

**** ***

Ce formulaire est un modèle, qui peut être utilisé par le Maître d'œuvre, pour formaliser ses propositions relatives au procès-verbal de levée de réserves (formulaire annexe N°).Il peut aussi être utilisé par le Maître d'ouvrage, pour formaliser sa décision concernant la levée des réserves, qu'il a émises dans sa décision de réception provisoire des ouvrages.

1. **Le Maître d'ouvrage.**

(Reprendre le contenu de la mention des documents constitutifs du marché public.)

2. **Le titulaire du marché public.**

[Indiquer le nom commercial et la dénomination sociale du titulaire individuel ou de chaque membre du groupement titulaire, les adresses de son établissement et de son siège social (si elle est différente de celle de l'établissement), son adresse électronique, ses numéros de téléphone et de télécopie et son NINEA. En cas de groupement d'entreprises titulaire, identifier le mandataire du groupement.]

3. **Le Maître d'œuvre.**

[Indiquer le nom commercial et la dénomination sociale du Maître d'œuvre, les adresses de son établissement et de son siège social, son adresse électronique, ses numéros de téléphone et de télécopie et son NINEA.]

4. **Objet du marché public.**

(Reprendre le contenu de la mention des documents constitutifs du marché public. En cas d'allotissement, préciser également l'objet de la consultation.)

5. **Objet de la levée des réserves.**

La levée des réserves porte sur : *(Cocher la case correspondante.)*

- ☐ la réception de l'ouvrage comportant les prestations suivantes :
- ☐ la réception partielle relative aux prestations désignées ci-dessous :

6. **Propositions du Maître d'œuvre relatives au procès-verbal de levée des réserves.**

Au vu du procès-verbal de levée des réserves, en date du. /../.. ; **je soussigné,** .... **Maître d'œuvre,** propose : *(Cocher la case correspondante.)*

- ☐ de rapporter la réception des travaux et prestations, l'exécution des épreuves mentionnées dans la décision de réception des ouvrages du. /../..n'ayant pas été concluantes.
- ☐ de lever toutes les réserves dont était assortie la décision de réception des ouvrages, intervenue le. ../../.
- ☐ de maintenir l'ensemble des réserves dont était assortie la décision de réception des ouvrages, intervenue le ....
- ☐ parmi les réserves dont était assortie la décision de réception des ouvrages intervenue le. /../.., de lever celles figurant dans l'annexe n ° .... du présent formulaire.

Il est proposé de maintenir les réserves suivantes :
(Choisir l'élément correspondant.)

☐ l'exécution des épreuves énumérées à l'annexe N° .... ci-jointe.

☐ l'exécution des travaux et prestations listés à l'annexe N° ... ci-jointe.

☐ la correction des imperfections et malfaçons indiquées à l'annexe N° ....

les installations de chantier doivent été repliées et les terrains et les lieux doivent être remis en état, avant le. /../. .les conditions de pose des équipements doivent être mises en conformité avec les spécifications des fournisseurs, avant le. /../..

7. Signature du Maître d'œuvre.

A : ...., le. /../.

Signature
(Maître d'œuvre)

8. Décision du Maître d'ouvrage.

Au vu du procès-verbal de levée des réserves, en date du. /../. et des propositions complémentaires présentées le. /../.. par le Maître d'œuvre ;

Le Maître d'ouvrage décide : *(Choisir l'élément correspondant.)*

☐ d'accepter toutes les propositions complémentaires du Maître d'œuvre relatives au procès-verbal de levée des réserves.

☐ de ne pas retenir les propositions complémentaires du Maître d'œuvre relatives au procès-verbal de levée des réserves et de :

- rapporter la réception des travaux et prestations, l'exécution des épreuves mentionnées dans la décision de réception des ouvrages du ../../.n'ayant pas été concluantes.
- lever toutes les réserves dont était assortie la décision de réception des ouvrages, intervenue le. /../..
- maintenir l'ensemble des réserves dont était assortie la décision de réception des ouvrages, intervenue le. /../..
- parmi les réserves dont était assortie la décision de réception des ouvrages intervenue le. /../..lever celles figurant dans l'annexe n ° .... du présent formulaire.

Il est décidé de maintenir les réserves suivantes :
(Choisir l'élément correspondant.)

☐ l'exécution des épreuves énumérées à l'annexe n .... ci-jointe.

☐ l'exécution des travaux et prestations listés à l'annexe n °...... ci-jointe.

☐ la correction des imperfections et malfaçons indiquées à l'annexe n ° ....

☐ les installations de chantier doivent été repliées et les terrains et les lieux doivent être remis en état, avant le. /../..

☐ les conditions de pose des équipements doivent être mises en conformité avec les spécifications des fournisseurs, avant le. /../..

9. Signature du Maître d'ouvrage.

A : ...., le. /../.

Signature

Maître d'ouvrage)

ANNEXE N° 13

(En-tête) **N° / /**

Autorité contractante **A , le**

RÉCEPTION DES TRAVAUX

DECISION DE RÉCEPTION DEFINITIVE

**** ****

Ce formulaire est un modèle, qui peut être utilisé par le Maître d'ouvrage, pour formaliser sa décision de réception définitive de travaux dans d'un marché public.

1. Le Maître d'ouvrage.

(Reprendre le contenu de la mention des documents constitutifs du marché public.)

2. Le titulaire du marché public.

[Indiquer le nom commercial et la dénomination sociale du titulaire individuel ou de chaque membre du groupement titulaire, les adresses de son établissement et de son siège social (si elle est différente de celle de l'établissement), son adresse électronique, ses numéros de téléphone et de télécopie et NINEA. En cas de groupement d'entreprises, identifier le mandataire.]

3. Le Maître d'œuvre.

[Indiquer le nom commercial et la dénomination sociale du Maître d'œuvre, les adresses de son établissement et de son siège social (si elle est différente de celle de l'établissement), son adresse électronique, ses numéros de téléphone et de télécopie et son NINEA.

4. Objet du marché public.

(Reprendre le contenu de la mention figurant dans les documents constitutifs du marché public. En cas d'allotissement, préciser également l'objet de la consultation.)

5. Objet de la décision de réception définitive.

La présente décision a pour objet la réception définitive des prestations ci-dessous :

6. Décision du Maître d'ouvrage.

Au vu : *(Choisir l'élément correspondant.)*

- ☐ du procès-verbal des opérations préalables à la réception provisoire, en date du. /../.., et des propositions présentées le. /../.. par le Maître d'œuvre ;
- ☐ de la lettre, en date du. /../.. par laquelle le titulaire du marché public accepte la réfaction proposée ; le Maître d'ouvrage décide : *(Choisir l'élément correspondant.)*
- ☐ que la réception définitive est prononcée ;
  - sans réserve,
  - sous réserve :
    - o de l'exécution concluante des épreuves énumérées à l'annexe n °.... ci-jointe.
    - o de l'exécution des travaux et prestations, énumérés à l'annexe n°... ci-jointe, avant le. ../../...

Toutefois, il est proposé que cette dernière réserve soit levée, si le titulaire du marché public accepte une réfaction égale en prix de base à *(Indiquer le montant de la réfaction.)* : ....

- ☐ les installations de chantier doivent été repliées et les terrains et les lieux doivent être remis en état, avant le. /../...
- ☐ les conditions de pose des équipements doivent être mises en conformité avec les spécifications des fournisseurs, avant le. /../.. .

Signature du Maître d'ouvrage.

ANNEXE N° 14

(En-tête) **N° / /**
Autorité contractante **A , le**

DECOMPTE DES PENALITES DE RETARD

**** ***

Ce formulaire est un modèle, qui peut être utilisé par l'Autorité contractante (ou la Personne responsable du marché public), pour constater un retard dans l'exécution des prestations, calculer les pénalités qui en découlent, et notifier au titulaire du marché public le montant de ces pénalités de retard.

1. **L'Autorité contractante.**

(Reprendre le contenu de la mention des documents constitutifs du marché.)

2. **Le titulaire du marché public.**

[Indiquer le nom commercial et la dénomination sociale du titulaire individuel ou de chaque membre du groupement titulaire, les adresses de son établissement et de son siège social (si elle est différente de celle de l'établissement), son adresse électronique, ses numéros de téléphone et de télécopie et son NINEA. En cas de groupement d'entreprises titulaire, identifier le mandataire du groupement.]

3. **Objet du marché public.**

(Reprendre le contenu de la mention figurant dans les documents constitutifs du marché public. En cas d'allotissement, préciser également l'objet de la consultation.)

- Date de la notification du marché public : /. /..
- Durée d'exécution du marché public : ....mois ou ...... jours.

-Montant du marché public :

Taux de la TVA : ......Montant HT : ....Montant TTC : ....

4. **Clauses contractuelles mises en œuvre.**

(Préciser les clauses contractuelles du marché public, notamment les clauses du CCAG ou du CCAP, mises en œuvre pour le décompte des pénalités de retard).

5. **Calcul du retard dans l'exécution des prestations.**

Désignation de la prestation	Livraison ou exécution		Nombre de jours de retard	Nombre de jours à déduire (*)	Nombre de jours servant au calcul de la pénalité
	Date réelle	Date contractuelle			
TOTAL					

(*) Indiquer le nombre de jours accordés au titre d'une prolongation ou d'un sursis de livraison.

6. **Modalités de calcul des pénalités.**

- Formule de calcul des pénalités de retard applicable : (transcrire la formule de pénalisation utilisée.)
- Montant HT servant de calcul aux pénalités de retard : ....

7. **Calcul des pénalités de retard.**

(Décrire le calcul effectué pour déterminer le montant des pénalités de retard.)

Montant des pénalités de retard :

- Montant des pénalités, arrêté en chiffres à : ....
- Montant des pénalités, arrêté en lettres à : ....

Signature l'Autorité contractante

ANNEXE N° 15

(En-tête) **N° / /**
Autorité contractante **A , le**

MODELE DE MISE EN DEMEURE

**** ***

Ce formulaire est un modèle, qui peut être utilisé par l'Autorité contractante pour formaliser une mise en demeure adressée au titulaire d'un marché public.

1. L'Autorité contractante.

(Reprendre le contenu de la mention figurant dans les documents constitutifs du marché public.)

2. Le titulaire du marché public.

[Indiquer le nom commercial et la dénomination sociale du titulaire individuel ou de chaque membre du groupement titulaire, les adresses de son établissement et de son siège social (si elle est différente de celle de l'établissement), son adresse électronique, ses numéros de téléphone et de télécopie et son Numéro d'Identification nationale des Entreprises et Administrations (NINEA). En cas de groupement d'entreprises titulaire, identifier le mandataire du groupement.]

Conditions d'envoi de la mise en demeure au titulaire du marché public : *(choisir l'élément correspondant.)*

- ☐ directement au titulaire.
- ☐ sous-couvert du mandataire du groupement d'entreprises titulaire *(en cas de cotraitance.).*

3. Objet du marché public.

(Reprendre le contenu de la mention figurant dans les documents constitutifs du marché public. En cas d'allotissement, préciser également l'objet de la consultation.)

- Date de la notification du marché public : ...../../..
- Durée d'exécution du marché public : ......mois ou ....jours.

4. Clauses contractuelles mises en œuvre.

(Préciser les clauses contractuelles du marché public, notamment les clauses du CCAG ou du CCAP, mises en œuvre pour la mise en demeure).

5. Projet de lettre.

Madame, Monsieur,

Dans le cadre de l'exécution *(choisir l'élément correspondant.)*

- ☐ du marché public n ° ....
- ☐ du bon de commande n ° ....
- ☐ de l'ordre de service n ° ....
- ☐ de la lettre n ° ....

en date du ...., il vous a été demandé d'exécuter les prestations désignées ci-dessous avant le ...... : *(détailler les prestations visées par la mise en demeure.)*

Cette demande :

- ☐ est conforme aux clauses d'exécution du marché public.
- ☐ constitue une mise en jeu de la garantie prévue au marché public.

Ces prestations, régulièrement demandées, ne sont pas exécutées à ce jour.
(Expliquer, de manière très précise, en quoi les prestations commandées ne sont toujours pas exécutées.)

Ces prestations doivent être exécutées, sans faute, pour le. /../..au plus tard.

Le délai de garantie est prolongé jusqu'à l'exécution complète de ces prestations.

En l'absence d'exécution à cette date, il sera prononcé :

- la résiliation simple du marché public, à vos torts.
- la résiliation du marché public, à vos torts et son exécution à vos frais et risques.
- l'exécution à vos frais et risques par une autre entreprise, sans résiliation du marché public, des prestations suivantes : *(uniquement pour les marchés publics de travaux.)*

Je vous invite à présenter vos observations avant le /. /..

Veuillez agréer, Madame, Monsieur, l'expression de mes salutations distinguées.

A : ...., le ....

Signature

(L'Autorité contractante)

ANNEXE N° 16

(En-tête) **N° / /**

Autorité contractante **A , le** **DECISION DE**

RÉSILIATION

**** ***

Ceci est un modèle, qui peut être utilisé par l'Autorité contractante, pour formaliser la décision de résiliation, notifiée au titulaire du marché public.

1. L'Autorité contractante

(Reprendre le contenu de la mention figurant dans les documents constitutifs du marché public.)

2. Le titulaire du marché public.

[Indiquer le nom commercial et la dénomination sociale du titulaire individuel ou de chaque membre du groupement titulaire, les adresses de son établissement et de son siège social (si elle est différente de celle de l'établissement), son adresse électronique, ses numéros de téléphone et de télécopie et son Numéro d'Identification nationale des Entreprises et Administrations (NINEA). En cas de groupement d'entreprises titulaire, identifier le mandataire du groupement.]

3. Objet du marché public.

(Reprendre le contenu de la mention figurant dans les documents constitutifs du marché public. En cas d'allotissement, préciser également l'objet de la consultation.)

- Date de la notification du marché public : ....
- Durée d'exécution du marché public : ....mois ou .... jours.

4. Clauses contractuelles mises en œuvre.

(Préciser les clauses contractuelles du marché public, notamment les clauses du CCAG ou du CCAP, mises en œuvre pour la résiliation.)

5. Décision l'Autorité contractante.

(Compléter la rubrique correspondante aux motifs justifiant la décision de résiliation du marché public.)

5.1 Décision de résiliation pour événements extérieurs au marché public.

Conformément à la mise en demeure envoyée le ...., et réceptionnée le /. /. l'Autorité contractante décide de résilier le marché public, à compter du /. /. pour les motifs suivants :

5.2 Décision de résiliation pour événements liés au marché public.

L'Autorité contractante décide de résilier le marché public, à compter du ......, pour les motifs suivants :

5.3 Décision de résiliation pour faute du titulaire.

Conformément à la mise en demeure envoyée le /. /. et réceptionnée le /. /. l'Autorité contractante décide de résilier le marché public, à compter du /. /. pour les fautes suivantes :

5.4 Décision de résiliation motif marché devenu inutile ou inadapté.

L'Autorité contractante décide de résilier le marché public, à compter du /. /. pour les motifs que le marché est devenu inutile ou inadapté. suivants :

6. Modalités de la résiliation.

La résiliation est prononcée aux frais et risques du titulaire Ou la résiliation n'est pas prononcée aux frais et risques du titulaire. Il sera confié à une autre entreprise l'exécution, à vos frais et risques, des prestations suivantes, à compter du. /../.. :

Il vous est demandé, avant le. /../.. de : *(Choisir l'élément correspondant.)*

- ☐ remettre les prestations en cours d'exécution ainsi que les matières et les objets suivants, détenus en vue de l'exécution du marché public : ....
- ☐ remettre les moyens matériels d'exécution précisés ci-dessous, spécialement destinés au marché public: ....
- ☐ exécuter les mesures conservatoires suivantes : ....
- ☐ vous présenter, ou de vous faire représenter, sur le chantier le .... en vue de la constatation des travaux exécutés et des approvisionnements existants, ainsi que de l'inventaire descriptif de votre matériel et de la remise de la partie de ce matériel qui n'est pas utile à l'achèvement des travaux *(uniquement pour les marchés de travaux.).*

7. Modalités de la résiliation.

La résiliation est prononcée aux frais et risques du titulaire Ou

La résiliation n'est pas prononcée aux frais et risques du titulaire

Il sera confié à une autre entreprise l'exécution, à vos frais et risques, des prestations suivantes, à compter du. /../.. :

Il vous est demandé, avant le. /../.. de : *(Choisir l'élément correspondant.)*

- ☐ remettre les prestations en cours d'exécution désignées ci-dessous ainsi que les matières et les objets suivants, détenus en vue de l'exécution du marché public : ………………………………….
- ☐ remettre les moyens matériels d'exécution précisés ci-dessous, spécialement destinés au marché public: …………………………………….
- ☐ exécuter les mesures conservatoires suivantes : ……………………
- ☐ vous présentez, ou de vous faire représenter, sur le chantier le ……………………….. en vue de la constatation des travaux exécutés et des approvisionnements existants, ainsi que de l'inventaire descriptif de votre matériel et de la remise de la partie de ce matériel qui n'est pas utile à l'achèvement des travaux *(uniquement pour les marchés de travaux.).*

<table>
<tr><td colspan="2" align="center"><u>Signature de l'Autorité contractante</u>.
Fait à ………………… le</td></tr>
<tr><td>Signature de l'Autorité contractante.</td><td align="center">Avis
Direction Contrôle des marchés publics</td></tr>
</table>

**** ***

BIBLIOGRAPHIE

1. Code des marchés publics Sénégal Burkina Faso Côte d'ivoire, Cameroun, Bénin, RDC, Togo, etc.
2. Rapport annuel ARMP 2016
3. Passation des marchés de Travaux, Dossiers types d'Appel d'Offres.
4. Passation des marchés de fournitures Dossiers types d'Appel d'Offres.
5. Passation des marchés de prestations intellectuelles Dossiers types d'Appel d'Offres.
6. Direction générale des Finances publiques novembre 2010- marchés publics et sous-traitance

**** ***

Structures éditoriales du groupe L'Harmattan

L'Harmattan Italie
Via degli Artisti, 15
10124 Torino
harmattan.italia@gmail.com

L'Harmattan Hongrie
Kossuth l. u. 14-16.
1053 Budapest
harmattan@harmattan.hu

L'Harmattan Sénégal
10 VDN en face Mermoz
BP 45034 Dakar-Fann
senharmattan@gmail.com

L'Harmattan Cameroun
TSINGA/FECAFOOT
BP 11486 Yaoundé
inkoukam@gmail.com

L'Harmattan Burkina Faso
Achille Somé – tengnule@hotmail.fr

L'Harmattan Guinée
Almamya, rue KA 028 OKB Agency
BP 3470 Conakry
harmattanguinee@yahoo.fr

L'Harmattan RDC
185, avenue Nyangwe
Commune de Lingwala – Kinshasa
matangilamusadila@yahoo.fr

L'Harmattan Congo
219, avenue Nelson Mandela
BP 2874 Brazzaville
harmattan.congo@yahoo.fr

L'Harmattan Mali
ACI 2000 - Immeuble Mgr Jean Marie Cisse
Bureau 10
BP 145 Bamako-Mali
mali@harmattan.fr

L'Harmattan Togo
Djidjole – Lomé
Maison Amela
face EPP BATOME
ddamela@aol.com

L'Harmattan Côte d'Ivoire
Résidence Karl – Cité des Arts
Abidjan-Cocody
03 BP 1588 Abidjan
espace_harmattan.ci@hotmail.fr

Nos librairies en France

Librairie internationale
16, rue des Écoles
75005 Paris
librairie.internationale@harmattan.fr
01 40 46 79 11
www.librairieharmattan.com

Librairie des savoirs
21, rue des Écoles
75005 Paris
librairie.sh@harmattan.fr
01 46 34 13 71
www.librairieharmattansh.com

Librairie Le Lucernaire
53, rue Notre-Dame-des-Champs
75006 Paris
librairie@lucernaire.fr
01 42 22 67 13

www.ingramcontent.com/pod-product-compliance
Lightning Source LLC
LaVergne TN
LVHW010926051026
849532LV00003B/857
* 9 7 8 2 3 4 3 2 2 6 7 2 9 *